Mariée de force

Leila

Mariée de force

Avec la collaboration
de Marie-Thérèse Cuny

À Ryad, mon fils, mon jardin secret.

Il y a des marches à monter, un hall, un panneau indiquant « Bureau du Maire ».

Je m'appelle Leila, vingt et un ans, née en France et marocaine de tradition. Cette tradition est aujourd'hui encore toute-puissante à mes côtés : mon père.

Il n'est ni religieux fanatique ni méchant. C'est un homme respectable et respecté. Il bat sa fille lorsqu'elle lui désobéit, il m'a élevée ainsi, dressée à l'obéissance et à la soumission. Il m'a donc battue pour que j'épouse l'homme qui monte les marches devant moi.

Je me marie devant l'administration française avec un homme que je ne connais pas. Ce n'est donc pas un mariage mais une formalité forcée. Je pourrais me sauver, dévaler cet escalier à l'envers et crier au secours. Si je le faisais, ma vie ne m'appartiendrait pas pour autant. Une fille éduquée dans cette tradition ne peut et ne sait pas vivre en dehors de la famille et de la protection de ce père dont le rôle est de donner cette fille à un autre protecteur : le mari choisi par lui.

Je suis née dans ce quartier, le registre de l'état civil de cette même mairie a enregistré ma naissance, je suis supposée avoir des droits, mais ils ne me servent à rien. À qui m'adresser ? À une assistante sociale ? Il s'agit d'une affaire privée, elle n'aurait rien à en dire. À la police ? On me répondrait que je suis majeure et que je n'ai qu'à dire non. Par principe, en démocratie, le mariage forcé n'existe pas. Mais si je disais non devant monsieur le maire, je ne serais pas délivrée pour autant car on m'a déjà mariée officiellement au Maroc et, même si ce mariage n'est pas reconnu en France, pour mon père et toute la communauté du quartier je serais définitivement condamnée, considérée comme une « mauvaise fille », et bannie si je refusais d'accomplir l'ultime formalité en France. Je ne pourrais plus jamais retourner au Maroc librement, mon « époux » aurait le droit de me faire rechercher et de me répudier ensuite. Or la répudiation d'une fille est, aux yeux d'un père traditionaliste, la pire des humiliations.

J'avais rêvé d'un mariage d'amour, de rencontrer celui que toutes les filles attendent. J'aurais eu une belle robe blanche, un bouquet de fleurs, comme dans les histoires romantiques, j'aurais souri en haut des marches, toutes mes amies seraient venues m'embrasser et me féliciter. J'aurais quitté ma famille pour un petit appartement rien qu'à « nous », pleuré d'émotion, embrassé mon père, ma mère et tous mes frères pour courir vers le bonheur et la liberté que j'espérais depuis toujours.

La formalité n'a duré que dix minutes.

L'inconnu a maintenant ce qu'il voulait, et ce n'était pas forcément moi, Leila. N'importe quelle Maghrébine née en France aurait fait son affaire, pourvu qu'elle soit vierge et de bonne famille. Mon père ne m'a même pas « vendue » à cet homme, comme c'est parfois le cas. Il croit simplement à la tradition des mariages arrangés entre familles, il est sincère dans son obstination à me faire obéir, rentrer dans le rang, il ne supporterait pas que sa fille vive autrement.

Ma tête est vide. Je ne suis pas là, cette journée n'existe pas, je l'ai rayée d'avance de mes pensées. La tête dans le sable comme une autruche espérant je ne sais quelle intervention du destin pour me tirer de là – la fin du monde, un tremblement de terre, que quelqu'un se lève et dise : « La loi française n'autorise pas les mariages forcés ! »

Il n'y avait personne d'autre que nous dans ce bureau, à part les deux témoins de circonstance, et la terre n'a pas tremblé. Le maire ne s'est pas posé de question, il en a vu d'autres, de ces mariages à la sauvette et sans cris de joie. J'ai dit oui d'une voix qui n'était pas la mienne, signé un papier que je ne voyais même pas, tant mes yeux étaient brouillés de larmes sous le regard autoritaire de mon père. À la moindre révolte, il m'aurait rouée de coups et expédiée au pays, ou jetée à la rue. J'aurais dû fuir dans un foyer, livrée à une liberté qu'il ne m'a jamais apprise et me fait terriblement peur. L'intégration passe par la liberté de dire non. La tradition, c'est l'impossibilité de dire ce non. Je n'ai jamais été libre d'enfreindre cette loi non écrite.

Où t'étais?

J'avais sept ou huit ans, peut-être moins, j'entendais déjà à travers l'appartement de mes parents la voix de mon père ou de ma mère résonner à mes oreilles :

«Leila! Mets la table! Leila, occupe-toi de ton frère! Leila, fais la vaisselle! Leila, reste ici! Leila, qu'est-ce que tu fais?»

Viens ici, ne sors pas, range la chambre. À quelle heure tu rentres de l'école? enlève tes affaires de là, aide ta mère, ne parle pas à cette fille, avec qui tu étais?

Ordres et interdictions se plantaient dans ma cervelle comme des épingles. Je ne m'appartenais pas, j'étais l'objet, l'instrument de la famille, elle me téléguidait.

En me regardant dans la glace, je ne voyais personne. J'étais née, j'existais avec un corps et une tête, des yeux pour voir, un cœur pour ressentir les choses, et je ne pouvais pas m'en servir. On m'éduquait selon la tradition marocaine en plein cœur de la France, je ne pouvais respirer qu'en mettant les pieds à l'école. En classe j'existais, j'étais un individu à part entière, mon intelligence pouvait se nourrir de savoir utile, à la récréation j'avais la permission de courir et de rire comme les autres, j'adorais l'école. Mais dès que j'en sortais, sur le chemin du retour à la maison, je n'étais déjà plus rien.

« Ne traîne pas et rentre à l'heure ! Occupe-toi de tes frères ! »

Je suis fille unique d'une tribu de garçons. Chaque fois que ma mère était enceinte, j'espérais de toutes mes forces dans le couloir de la clinique, j'attendais la délivrance, la voix qui dirait : « C'est une fille ! »

Mais le rituel ne changeait jamais. Deux frères aînés, puis un autre et encore un autre, jusqu'à dix. Lorsque enfin ma petite sœur Sirinne est arrivée, j'avais déjà seize ans.

À l'âge de cinq ou six ans, je me suis mise à hurler réellement ce désespoir de ne jamais voir arriver dans les bras de ma mère un être qui me ressemble enfin. J'ai passé toute mon enfance et mon adolescence à espérer une sœur, ce cadeau du ciel. Il me semblait que ce déferlement de garçons issu du corps de ma mère était une punition personnelle, et pourquoi pas que ma propre naissance au milieu d'eux en était une encore plus grave.

Ali et Brahim, Karim et Miloud, Mohammad et Hassan, Mansour et Slimane, Idriss et Rachid… Ma mère accouchait pratiquement tous les ans, ainsi les acteurs de mon existence défilaient l'un après l'autre comme sur le générique d'un film et je demeurais seule, invisible à l'écran, mais chargée de toutes les corvées. Je jalousais mes copines d'école à la sortie : leurs mères venaient les chercher, les embrasser, il me semblait qu'elles comptaient énormément à leurs yeux. Ma mère avec sa tribu d'enfants faisait un travail à la chaîne. Même la nuit, il y avait toujours un bébé qui pleurait. Sa vie était un esclavage total.

Très tôt, j'étais donc supposée l'aider à la maison, mais je refusais insolemment d'être l'esclave de mes dix frères. Ma mère me tapait dessus, me tirait les cheveux, je ne faisais absolument rien, ou presque, de ce qu'elle désirait. Alors qu'il était plus que normal pour elle que sa fille unique la seconde, elle avait été élevée ainsi dans son village avant d'arriver en France où elle ne connaissait personne, et ne parlait pas la langue. À l'époque de ma naissance, il y a environ vingt-cinq ans, notre quartier ne comptait encore que très peu de familles maghrébines. Et à son arrivée du bled, il n'y en avait aucune. Au fur et à mesure des naissances, ma mère s'est retrouvée enfermée dans un F5 à peine suffisant pour y entasser onze enfants, dans une région sans soleil, incapable de sortir et de faire elle-même les courses. Mon père se chargeait de tout à l'extérieur, ramenait les provisions lui-même et son salaire d'ouvrier y passait tout entier. Il n'était pas question de contrôle des naissances, à l'époque, le mot « pilule » était inconnu, Dieu lui envoyait des fils. Je me suis demandé plus tard si le fait que mon père soit orphelin n'était pas la raison de cette procréation acharnée.

Au début de sa vie en France, ma mère ne voyait passer la vie que par la fenêtre du troisième étage, ne sortait de la maison que pour accoucher, ou dans le sillage de mon père avec sa multitude de garçons derrière elle. J'étais cloîtrée comme elle. En grandissant, ils ont eu le droit, eux, de courir dehors sans chaperon, pas moi. Si les copines du quartier venaient me chercher pour jouer en bas de l'immeuble : « On descend jouer à l'élastique, tu viens ? » je répondais : « Il faut que je demande à mon père, mais il ne voudra pas. Allez lui demander, peut-être qu'il vous dira oui, mais à moi il dira non. »

Et effectivement, la réponse était toujours la même :

« Tu veux prendre l'air ? Tu restes sur le balcon ! »

C'était une injustice. Je n'osais pas poser la question du pourquoi, je ne cherchais pas à comprendre. C'était non, alors c'était non. Et je me revois encore sur ce balcon condamnée à regarder les autres filles jouer, prisonnière de je ne sais quelle loi. J'étais petite, encore en primaire, et je ne comprenais pas. Quel danger y avait-il à prendre l'air en bas ?

Peu à peu le quartier avait accueilli d'autres familles maghrébines, puis africaines. À l'école, nous étions mélangées avec les Françaises d'origine, tout ce petit monde vivait en harmonie, ma meilleure copine Souria jouait à l'élastique avec les autres. Farida, Joséphine, Sylvie, Malika… Alia ou Charlotte s'amusaient en bas de l'immeuble sans moi. Pourquoi ?

Mon père a élevé tous ses enfants de façon à ce qu'ils le craignent absolument.

Lorsqu'il nous interrogeait, si l'un de nous avait le malheur de le regarder dans les yeux, il prenait d'abord une claque.

« Tu baisses les yeux ! »

Jamais un mot de tendresse, encore moins un geste sécurisant. Je n'ai pas le souvenir d'avoir sauté sur les genoux de mon père une seule fois dans ma vie, ou qu'il m'ait embrassée pour me dire bonjour ou bonsoir. Le décalage était énorme entre son autorité brutale et ce que je voyais ou entendais de la part des autres enfants, français d'origine ou d'importation. Ce style éducatif m'a complètement braquée dès la petite enfance. Je me souviens d'un voyage organisé en classe de neige en CM2. C'était « non » pour moi dès le départ. L'instituteur est allé voir mon père et a insisté gentiment :

« Votre fille ne risque rien, les filles sont d'un côté, les garçons de l'autre… »

Mais c'était non. Le problème était que, même séparée des garçons, mon père craignait le mélange toujours possible loin de sa surveillance. Or, à dix ans, on est complètement innocent. Je n'imaginais rien de répréhensible à côtoyer des garçons.

À la maison, je dormais dans la même chambre qu'une tribu de frères... et ça ne gênait pas mon père ! Moi si. Il ignorait royalement que le danger me guettait dans sa propre maison.

Il ne savait pas qu'à l'âge des poupées Barbie un de ces jeunes mâles bien plus âgés que moi m'avait dégoûtée à jamais de la promiscuité des deux sexes. J'étais terrorisée à l'idée d'être enfermée dans une chambre avec ce garçon-là. L'agresseur impuni savait bien que la honte clouait ma bouche et que jamais je n'oserais le désigner coupable. Il avait raison. Certes il avait respecté ma virginité, dans une famille musulmane la virginité d'une fille est sacrée. Mais il est d'autres façons, tout aussi graves, d'humilier une fillette de cet âge. Je me suis tue comme tous les enfants agressés. Je me tais encore, mais ce poison me poursuit. Pourquoi je n'ai pas crié au secours ? Pourquoi j'ai subi ? Pourquoi est-ce à moi de me sentir éternellement coupable, alors que l'agresseur vit sa vie sans le plus petit grain de remords ? Il a simplement exercé sa sexualité sur moi, je n'étais qu'un objet à portée de main. Rien.

J'étais punie d'un péché mystérieux, j'étais nulle, lâche, salie, bonne à jeter à la poubelle. Alors je me suis efforcée d'ensevelir cette histoire maudite dans ma cervelle.

J'ai « zappé », je n'avais pas d'autre solution.

C'est ainsi que je suis devenue agressive, révoltée, instable, malade de ce silence imposé, de cette prison où seule l'autorité paternelle avait droit de parole, et les garçons toujours raison. Et c'est ainsi que je m'étais juré de réussir à l'école, d'avoir un métier, de ne me marier que si je le décidais un jour, mais le plus tard possible, et surtout de ne pas élever une tribu d'enfants. Encore fallait-il rencontrer celui qui trouverait grâce à mes yeux, à qui je n'aurais pas envie de faire payer mon enfance.

En attendant, je rêvais sur mon balcon, princesse abandonnée et recluse, d'un prince charmant de série télévisée. Et je faisais le clown avec mes copines de classe, en leur racontant les tannées, les gifles, les « gueules », comme on dit dans le parler du quartier, qui me tombaient dessus régulièrement en punition de ma révolte affichée.

Je voulais exister, obtenir simplement un peu d'attention et d'affection. Je ne demandais pas grand-chose. Les fringues, les poupées, je m'en fichais royalement. Je voulais qu'on m'aime, qu'on m'embrasse le matin et le soir, qu'on vienne me chercher à l'école et, comme rien ne se passait, je me demandais inlassablement si j'étais réellement sa fille. Il n'y avait que moi, me semblait-il, qu'il traitait avec cette indifférence, personne d'autre. En dépit de cette autorité qu'il exerçait également sur mes frères, leur complicité contre moi était permanente, je n'avais jamais raison. Et ma mère approuvait.

Pour sortir avec mes copines, en ville, aller chez l'une ou l'autre, écouter de la musique et discuter entre filles, c'était toujours une histoire :

« Leila, tu sors pas mercredi après-midi ! Il faut que tu apprennes à faire le pain, et la cuisine, tu ne te rends pas compte, mais le jour où tu te marieras, tu ne passeras pas plus d'une nuit avec ton mari, tu reviendras ici le lendemain, parce que ton mari te répudiera... »

Des menaces qui n'avaient aucun sens pour moi et me semblaient d'un autre âge.

Alors, le mercredi après-midi, j'éprouvais un malin plaisir à mettre ma mère en rage.

« Ah, tu ne veux pas que je sorte ? T'inquiète pas, je ne sors pas. »

Et je m'écroulais devant la télévision. Avant de partir travailler, mon père menaçait :

« Je te préviens, si jamais ta mère me dit ce soir que tu n'as pas fait ce qu'elle t'a demandé, gare à toi.

— Mais oui, c'est bon !

— Je te parle, Leila ! Tu me regardes quand je te parle ! Pas la télé !

— Faudrait savoir ! Quand je te regarde, il faut que je baisse les yeux et, si je te regarde pas, il faut que je te regarde ?

— Je te préviens, tu vas "prendre une tête" avant que je parte.

— D'accord, papa, c'est bon, OK, y a pas de problème ! »

Je pensais en moi-même : « Cause toujours… »

« Leila, il faut leur servir à manger ! »

Plus qu'autre chose, le devoir de servir mes frères pendant qu'ils regardaient tranquillement la télévision me mettait en rage. Le service était gratuit pour eux. Ils s'asseyaient et se levaient de table sans bouger un doigt, c'était encore à moi de débarrasser.

Une fois la corvée accomplie, je m'habillais pour sortir, et ma mère s'interposait entre moi et la porte.

« Tu ne fais pas la vaisselle ?

— Ben non.

— Leila ! Je te jure, ton père va te tuer…

— Mais oui, cause toujours… »

Et je m'en allais sous les insultes en claquant la porte. Je savais en claquant cette porte que le soir je prendrais une « gueule » de mon père. Ma mère me giflait ou me tirait les cheveux, rien de grave et j'en rigolais, mais avec mon père c'était autre chose : toutes les expressions étaient bonnes dans le quartier pour dire la chose avec pudeur. « Prendre une tête » ou « une gueule » de son père, se faire « exploser la frite », c'était avoir le visage tuméfié, sans compter le reste.

Une fois, il m'a carrément attaché les pieds et les mains parce que j'avais fumé la cigarette en sortant du collège. Il m'a bien « explosé la frite ». Je m'en suis pris des « têtes » à cause de cette clope. Des coups sérieux, qui laissent des traces et font très mal. Jusqu'à me briser le bras. Mais personne ne s'en est jamais inquiété. Un professeur de français une fois m'a lancé une perche.

« Si quelque chose ne va pas, Leila, tu peux venir m'en parler. »

Je l'ai regardé d'un air hautain.

« Mais absolument pas, tout va bien dans ma vie, je suis tombée en faisant du basket et je me suis retourné l'avant-bras... »

J'aurais eu honte de raconter ma vie. Pourtant je ne méritais pas ça.

Lorsque mes parents devaient sortir, je restais plantée devant la télé, d'habitude réservée à mon père qui zappait sur les programmes selon « ses » règles : pas de film avec histoire d'amour, pas de bisou à l'écran, rien qui puisse donner des idées à une adolescente.

La télévision était mon échappatoire, le rêve qui manquait à ma vie, je n'étais plus Leila, quinze ou seize ans à l'époque, prisonnière du troisième étage, mais une héroïne de feuilleton ! Et mon père ne supportait pas ce genre de fugue, lorsque par extraordinaire on me laissait seule à la maison.

Ma mère : « Leila, je laisse la gamelle sur le feu, fais attention, on revient pour déjeuner ! »

Mon père : « Je te préviens, s'il arrive quoi que ce soit à la gamelle, gare à toi ! »

— Oui, c'est bon ! »

Ma mère : « Leila, tu ne sors pas le mercredi après-midi ! »

Et mon père insistait :

« Si jamais j'entends "parler sur toi"... je te préviens... »

Je connaissais les dialogues par cœur : « Je te préviens... Si jamais... Où t'étais ? »

Ce « où t'étais » a résonné à mes oreilles des millions de fois. Interdiction de sortir, interdiction de jouer à la balle, de sauter à la corde, entre huit et douze ans, je trouvais cela bêtement injuste de rester sur ce maudit balcon, mais je ne réalisais pas encore ma condition de prisonnière. À l'adolescence, on ne parlait plus d'interdiction mais de « protection ». Leila est rebelle, nous devons la protéger parce qu'elle n'en fait qu'à sa tête. Et plus on me « protégeait », plus je me rebellais en silence ou en crise de nerfs.

J'étais un mur, ma mère pouvait me donner des ordres, mon père les répéter, je disais oui, oui, pour les calmer, et je faisais quand même ce que je voulais. Or à leurs yeux j'étais anormale de ne pas me plier aux règles établies pour les filles de mon « genre »…

Genre : née en France, de nationalité française, de culture française à l'école, maghrébine à la maison, donc sans liberté, sans personnalité propre et au service de la famille.

« Si on te voit trop souvent dehors, qu'est-ce que vont dire les gens ? Tu auras une réputation ! »

La réputation…

Quand je suis née, il n'y avait pas beaucoup de Maghrébins dans le quartier, mais dès l'enfance et à l'adolescence ils étaient là autour de nous avec familles, enfants et règles à respecter, valables pour toute la communauté. Mes parents devaient donc, comme les autres, m'inculquer ces règles communes. Mais il n'y avait aucun dialogue pour les expliquer, seulement l'autorité brute, celle qui mène au conflit.

Au collège, j'étais une élève plutôt brillante, je faisais partie des bons éléments de la classe. Au lycée, j'ai frisé la catastrophe. Car plus je grandissais et plus ces règles devenaient lourdes.

Il fallait que je sois en permanence à la maison, à la disposition de mes parents, de mes frères, que je fasse le ménage, la cuisine, lave les fesses des bébés qui naissaient après moi. J'ai été maman avant de l'être réellement. On me demandait de grandir et d'obéir aveuglément en même temps. Or je ne pouvais pas me construire de cette façon, donc je me démolissais ! J'en voulais à la terre entière d'être *la* fille de la maison.

Faire le ménage dès le matin, pendant que les frères dormaient encore ! Je les ai maudits, en les regardant dormir tranquillement pendant que je lavais par terre. J'étais même violente avec eux. Au lieu de dire doucement «lève-toi, je passe la serpillière»… je hurlais :

«Allez, debout ! Tu crois que j'ai que ça à faire ! Je ne suis pas ta bonne… »

Il faut dire que, lorsqu'ils me demandaient quelque chose, l'absence de politesse était remarquable :

«Repasse-moi ça ! J'en ai besoin pour sortir ! »

Rien qu'un «s'il te plaît, Leila », ou «rends-moi service »… et je l'aurais fait volontiers. Mais il n'y avait jamais de s'il te plaît, et de merci encore moins. Un frère ou deux ou même quatre… j'aurais pu supporter, mais quand ils arrivaient tous avec leurs chemises, leurs pantalons, leurs chaussures à nettoyer…

Adolescente, j'avais déjà huit frères entre six et vingt ans sur le dos. Toute la panoplie des petits mâles, les plus jeunes qu'il faut habiller, les adolescents qui balancent leurs baskets, leurs chaussettes à travers la chambre, les grands qui réclament leurs chemises, leurs jeans…

Des assistés dont j'étais a priori l'esclave. Si je les envoyais promener, je prenais une claque de n'importe lequel d'entre eux.

Au début, ils pouvaient faire ce qu'ils voulaient de moi, je ne réagissais pas. Puis j'ai explosé. J'étais prête à «prendre une tête», l'autre prenait aussi des coups. J'ai commencé à les rendre vers l'âge de treize ans. Alors ils allaient voir mon père et je me retrouvais seule au tribunal :

«Elle m'a tapé dessus! T'as vu l'âge qu'elle a? Si aujourd'hui elle me tape dessus... qu'est-ce qu'elle fera plus tard?

— Non, je lui ai pas tapé dessus, c'est lui qui a commencé, et je me suis défendue.»

Évidemment, on ne remet pas en cause la parole du fils. J'étais toujours déclarée coupable.

Comme le simple fait de les repousser me valait de toute façon une toise, rien ne m'arrêtait. Même si je ne gagnais pas contre Miloud ou un autre, au moins je lui avais tapé dessus. J'avais désormais ma stratégie personnelle de lutte contre l'esclavage. Le matin, je devais faire le petit déjeuner des autres avant même de prendre le mien. Alors je me levais à la dernière minute, juste le temps de me laver, de m'habiller et de filer au collège en hurlant triomphalement :

«J'ai pas le temps de déjeuner!»

Et ils restaient en plan dans la cuisine à râler après moi, un vrai délice.

Une fois passé la porte, je respirais enfin «la vraie vie».

Car mon seul répit, c'était le collège. Et encore... là aussi j'étais devenue agressive avec tout le monde. Je me battais avec les autres, si le prof me faisait une remarque, je refusais de l'entendre. Je me sentais en permanence agressée et niée à la fois, mal dans ma peau de fille.

J'ai donc tout fait pour exister comme je pouvais, c'est-à-dire mal. Et parce que c'était interdit comme tout le reste, plus tard je me suis mise à fumer en cachette de temps en temps, malgré les coups, et j'ai appris à ne pas me faire «griller». Puisqu'il fallait souffler dans le nez du père ou d'un frère pour le contrôle de «clope test», j'ai fait comme les copines : je me suis armée préventivement de bonbons à la menthe et de sournoiserie. Au bureau de tabac, avant de demander un paquet, je faisais d'un coup d'œil rapide le tour de la salle pour vérifier la présence ou non des copains du père, des frères ou des cousins, ou des copains des copains... À la moindre alerte, je demandais un timbre à trois francs... à la longue, j'ai affiné l'astuce avec la complicité de la vendeuse, je n'étais pas assez riche pour accumuler les timbres inutiles. Si je demandais un timbre, elle savait quoi faire : mettre le paquet de côté jusqu'à ce que je revienne lui rendre le timbre en échange.

Les autres filles maghrébines étaient comme moi, elles apprenaient à ruser, à mentir et à se taire. Ruser pour se retrouver entre nous hors du collège, mentir sur les heures de cours, repérer le frère qui servait d'«œil de Moscou», de «caméra», ravi de dénoncer les frasques minuscules de la grande sœur. Car jusqu'à un certain âge elles étaient minuscules. Un quart d'heure de bavardage entre filles, sur des sujets sans importance. Je n'étais ni coquette ni aventureuse. Plus tard, vers seize ou dix-huit ans, certaines d'entre nous se maquillaient en cachette dans le couloir des immeubles ou se paraient d'une fringue interdite... Je n'étais pas de celles-là, ne voyant pas l'intérêt de me compliquer l'existence à ce point. J'étais sage, j'ignorais les garçons, je m'en méfiais même comme de la peste, persuadée de devoir préserver ma réputation, et ma virginité. À l'âge des premiers flirts, je n'étais pas en phase avec certaines qui faisaient ce qu'elles voulaient sans que leurs parents crient au scandale. Sortir avec un garçon à seize ans, se tenir par la main, échanger quelques baisers, ce n'était pas pour moi.

J'avais à l'époque des amies africaines dont la vie était encore plus dure que la mienne. Je sais que certaines ont connu l'inceste pendant des années, et n'en parlaient pas. On ne se posait pas de questions douloureuses, chacune vivait sa vie personnelle en silence. Il fallait rire, raconter des blagues, se moquer de tout et de nous. C'était la survie.

Au fur et à mesure des années, la prison familiale avait fait de moi une jeune fille qui ne me ressemblait pas. Révoltée parce que soumise de force, je me débattais comme une mouche prise dans une cage de verre. La vie extérieure et la liberté étaient à portée de regard, mais je me cognais sans cesse aux parois transparentes.

J'écrivais mon journal intime dans ma tête et en silence. Si je l'avais réellement écrit, on me l'aurait volé. Alors, à force de me questionner et de me répondre seule sans jamais trouver les bonnes réponses, j'ai failli devenir folle, et frôlé la mort. J'étais une funambule terrorisée par le vertige, je marchais sur un fil au-dessus du vide immense. D'un côté Leila marocaine, de l'autre Leila française. D'un côté prisonnière de sa famille, de l'autre une évadée.

J'avais deux visages, deux personnalités, l'une muette sur sa souffrance, l'autre qui la hurlait. À treize ans, j'ai « essayé » le suicide. Je m'étais enfermée dans la salle de bains prétextant un bain. Je voulais vraiment mourir. Je me disais que là où je serais ça ne pouvait pas être pire que sur terre. Je croyais en Dieu, j'imaginais que j'allais atterrir au paradis car, même si le suicide était un péché, il me pardonnerait. C'était après une première fugue et j'avais pris tellement de coups en rentrant que la vie ne valait plus la peine d'être vécue...

La conseillère d'éducation m'avait emmenée dans son bureau pour m'y coller huit gifles en rafale. Forte tête, mais en sang, j'avais protesté :

«Vous n'avez pas le droit de me taper, je vais en parler à mon père.

— Je te préviens d'avance, c'est un échantillon, attends-toi à pire chez toi. Ton père m'a personnellement autorisée à te corriger, figure-toi ! »

Personne n'avait cherché à savoir pourquoi j'avais séché les cours. Je n'aurais pas su répondre clairement d'ailleurs. Avec le recul, je voulais faire souffrir mon père et l'inquiéter. Il ne me protégeait pas, je ne l'intéressais pas, c'était ma façon d'attirer son attention, de réclamer son amour. Fuguer, c'était lui faire peur. Alors j'ai pris le large avec des copains et des copines, des Français de souche, des Marocains, Algériens, Tunisiens, Africains d'origine, un petit peuple multiculturel d'une dizaine de fugueurs en vadrouille, une véritable école buissonnière dans la campagne. Quatre jours de vacances au printemps et en bande organisée. Chacun de nous faisait semblant de partir et de revenir du collège, les parents ne se doutaient de rien, et on cavalait loin du quartier et des immeubles vers la campagne proche. On plongeait tout habillés dans la rivière, on se roulait dans l'herbe en hurlant de rire. J'étais sur une autre planète, libérée. Une fois trempée des pieds à la tête, la bande des filles se retrouvait chez l'une d'entre nous, une Française qui pouvait nous prêter de quoi nous changer. Un jean et un sweat ressemblent à tous les autres, les parents ne font attention aux vêtements des filles que s'il s'agit d'une jupe trop courte ou d'un tee-shirt trop moulant… le reste est interchangeable. Les garçons, eux, se débrouillaient de leur côté. Pendant ces quatre jours de joyeuse folie, il y a même eu un voyage à Paris. Chacun avait prétendu assister à une visite de musée obligatoire inscrite d'avance sur le carnet de correspondance. Les parents avaient signé ce que j'avais écrit moi-même : «Visite du Louvre obligatoire prévue le… participation 50 francs… »

« Cinquante francs, ça fait cher, avait dit mon père…

— Ben oui, mais c'est comme ça. C'est écrit "obligatoire", tu vois bien. »

Avec nos cinquante francs nous avons filé à Paris comme de grands aventuriers et, arrivés gare de Lyon, nous y sommes restés ! Personne ne savait quoi faire ni où aller car nous devions être de retour à cinq heures, pour la sortie du collège… Alors il valait mieux rester là et se traiter de clochards en riant comme des fous. La journée dans une gare ! Drôles d'aventuriers ! De toute façon, nous n'espérions rien, juste jouer les grands, « se barrer »… Respirer loin de chez nous, du quartier, du collège, des étages des immeubles où tout le monde se connaît et se surveille.

On a dépensé nos cinquante balles évidemment, il fallait bien manger, et au retour il ne restait rien pour payer le train. On priait tous pour ne pas être contrôlés, amende voulant dire parents avertis, donc rouste à la clé.

Le dernier jour a été consacré à l'invasion du lycée voisin, toujours pour jouer aux grands. Le collège, c'était pour les « petits »… L'aventure était de pénétrer à l'intérieur, de se mêler aux lycéens, de discuter avec eux en prétendant être de telle ou telle classe, d'aller à la cafétéria, de « mitonner » autant que possible. Les grilles du lycée étaient fermées, mais on y entrait comme on voulait, et personne ne nous a demandé qui nous étions…

La bande avait séché du mardi au vendredi, et le lundi retour obligatoire au collège pour les autres, mais pas pour moi. Je m'étais accordé une matinée supplémentaire de vraie solitude. J'en avais besoin. Cette solitude n'existait nulle part dans ma vie quotidienne, cette matinée de silence à réfléchir seule m'était indispensable car je savais ce qui m'attendait.

Pendant ces quatre jours, j'avais débranché le téléphone en partant le matin et remis la prise juste avant le retour de mon père. Mes parents n'ayant pas pu être contactés par téléphone, une lettre allait forcément arriver au matin. Je regardais la rivière, l'herbe, la rosée, je savourais chaque minute de cette ultime liberté volée que j'allais payer très cher.

L'après-midi, j'ai affronté la situation. Je voulais la jouer désinvolte en arrivant à la grille du collège, mais je n'en ai pas eu le temps. Saisie aux cheveux, traînée dans le bureau, giflée à tour de bras et l'oreille en sang avec autorisation de mon père, j'ai eu le reste à la maison comme promis. Mon père me frappait avec ses mains, ses pieds, ses talons, et tout ce qui lui tombait sous la main. Mais il tapait sur un corps qui ne ressentait rien. Il pouvait me fracasser, tant qu'il ne m'arrachait pas le cerveau, je m'en fichais. Ni lui ni ma mère ne pouvaient comprendre ce mal-être qui me taraudait. Ce silence qui m'empoisonnait. Tout était toujours ma faute. Je voulais qu'il m'aime, me pose des questions, cherche à savoir ce qui me faisait souffrir et me console.

Mais il a seulement cogné. Alors je me suis enfermée dans la salle de bains pour avaler ce que j'ai trouvé dans la pharmacie. J'ai dormi comme une masse et le lendemain, toujours vivante, je suis allée au collège en titubant, dans un état comateux. Finalement je me suis effondrée en classe et les pompiers sont venus me ramasser. Je me suis retrouvée coincée sur un lit d'hôpital, la rage au cœur, j'en voulais au monde entier, à mon père et à Dieu :

« Je veux mourir, pourquoi tu veux pas me laisser mourir ? »

À la place de mon père absent, et de Dieu qui ne répondait pas, on m'a envoyé un « psy ».

« Je suis là pour qu'on discute, Leila… »

Blocage total. Je me sentais encore plus seule, ce n'était pas un psy qu'il me fallait, mais mon père, c'était lui que je voulais en face de moi, lui qui me demande : « Qu'est-ce qui se passe ? Pourquoi ? Est-ce que tu souffres ? Dis-moi ta souffrance. Dis-moi tout, je te protégerai, tu es ma fille, je t'aime… » C'est la voix que je voulais entendre, et non ce ton professionnel et fermement compatissant du spécialiste des âmes.

« Tu ne sortiras pas d'ici tant que tu ne parleras pas. Je suis là pour t'écouter. »

Le premier jour, je n'ai pas desserré les dents ; le deuxième jour, comme je n'avais pas envie de rester là, j'ai mitonné en prétendant un petit coup de déprime, c'était fini, j'allais bien… Mon père n'était pas venu me voir.

Le psy a avalé le mensonge. Il a dit à mes parents que j'étais en crise d'adolescence. J'étais restée trois jours au lit, la cervelle en ébullition, en voulant à tout le monde, y compris à moi-même, ne sachant pas comment crever pour être libre. J'avais compris que jamais je ne pourrais dire cette culpabilité profonde, ce sentiment d'être prisonnière pour l'éternité. Et si quelqu'un cherchait à savoir, je mentais de toute façon. Je préférais faire le clown devant les copines. Je savais parfaitement, comme au théâtre, transformer une baston familiale humiliante en délire de café-théâtre. Pour ce genre de spectacle, j'étais douée. Je suis encore parfois un clown triste acharné à faire rire son public pour ne pas crever d'angoisse. Le reste, je le gardais soigneusement pour moi.

Le jour où j'ai eu mes règles pour la première fois, je me suis retrouvée en plein folklore, jamais je n'avais entendu parler de « ça » ni par ma mère ni par nulle autre femme. Un matin, je me suis donc réveillée, complètement flippée devant le désastre :

« Je vais me faire tuer, je vais me faire tuer ! » Ma mère allait croire que quelqu'un m'avait touchée là ! »

Ma virginité avait-elle fichu le camp sans prévenir ?

Ma mère râlait derrière la porte de la salle de bains :

« Tu en mets du temps ! Sors de là ! »

Je bafouillais :

« Ben, heu… »

— Ouvre la porte.

— Non, je peux pas, je peux pas. »

Entre filles, au collège, on ne parlait pas des règles. Si j'avais eu une sœur aînée, elle m'en aurait probablement informée. Mais j'étais complètement paniquée. Ma mère a finalement ouvert la porte avec une petite cuillère. Et a éclaté de rire mais sans me rassurer véritablement.

« C'est rien, ne t'inquiète pas, je vais te donner ce qu'il faut… mais maintenant, ma fille, il va falloir que tu fasses attention à toi ! Tu auras ça tous les mois, c'est comme ça ! »

Attention à quoi de plus ? Plus tard, en cours de sciences naturelles, le professeur a parlé du corps humain et j'ai réellement compris alors ce qui m'était arrivé, mais sur le moment je n'avais retenu que deux choses : « tous les mois » et « faire attention ».

Bien entendu mon père avait été immédiatement prévenu, selon le protocole en vigueur pour une fille à surveiller. Et le dialogue avait à peine changé :

« Fais attention à toi dans le quartier ! Je te préviens…

— Quoi ? C'est bon, j'ai rien fait !

— Je te préviens : c'est une honte si une fille n'est pas vierge à son mariage, fais attention… »

Personne d'entre nous n'avait de chambre à part entière dans la maison. Nous étions trois ou quatre par pièce et les uns sur les autres. Il ne fallait surtout pas que la colonie masculine aperçoive mes serviettes hygiéniques. Silence radio. Pour l'achat des soutiens-gorge, un peu plus tard, même silence radio. Je n'ai pas pu dire : « Maman, je suis en âge de porter un soutien-gorge. » Je crois que cette chose n'existait même pas pour elle, et qu'elle n'en a jamais porté.

C'était à moi de me débrouiller seule avec ma nouvelle féminité, alors que j'étais devenue une sorte de garçon manqué plus habile à la baston qu'aux lingeries de mon âge.

C'est une amie « gauloise » qui m'a refilé les siennes. Je vivais au Moyen Âge en France dans les années quatre-vingt-dix, à l'envers d'autres filles de mon âge, dont les parents socialement et culturellement différents n'utilisaient pas les mêmes principes. Je me cherchais vainement une identité.

Les vacances rituelles au « bled » m'ont appris peu à peu les origines de mes parents. Mais au lieu de s'éclaircir, la question de cette identité personnelle s'était compliquée davantage. Lorsque j'étais petite, on me posait parfois la question : « T'es berbère ou arabe ? »

Ma mère est arabe, mon père berbère, je suis française. Que choisir ? Je me sens plus arabe que berbère pour la bonne raison que mon père ne nous a appris que la langue arabe. Mais je me sens plus à l'aise en français qu'en arabe pour une excellente raison, celle d'être née ici, et de l'avoir appris à l'école. Pourtant j'aimerais aussi me sentir berbère car les femmes, bien que soumises, sont plus libres de comportement. Elles dansent avec les hommes au cours des fêtes et des mariages, elles ne sont pas voilées, et on les respecte davantage dans leur communauté.

Ma mère est allée à l'école jusqu'à l'âge de huit ou neuf ans avant d'être enfermée à la maison sur décision de sa propre mère, qui estimait qu'elle devenait trop jolie pour être laissée en liberté dans ce village de montagne.

Elle devait apprendre le métier de femme au foyer. Elle n'avait plus le droit de sortir, même pour les fêtes familiales. Interdiction totale de parler à qui que ce soit, elle ne pouvait même pas aller au puits chercher de l'eau. On la demandait déjà en mariage ! À huit ou neuf ans ! Lorsqu'elle me l'a raconté, je n'arrivais même pas à imaginer qu'une telle chose soit possible. Elle n'imaginait pas une autre vie que les quatre murs de la maison.

Elle dit souvent : « Je remercie ma mère, si elle n'avait pas été aussi dure, je n'aurais pas été une aussi bonne épouse. »

Je me sentais incapable d'adhérer à ce mode de vie.

Jusqu'à un certain âge, je ne connaissais que le village de ma mère, quelques maisons nichées dans les oliviers, un paysage superbe mais sans eau courante ni électricité. Encore aujourd'hui, la vie est très dure là-bas. Elle passait la journée à moudre le grain, les olives, à préparer les repas, à faire le ménage à quatre pattes – le balai n'existait pas, il fallait utiliser une sorte de petite balayette à hauteur de genoux ! Je l'ai déjà fait, chaque fois je finissais par abandonner la corvée, le dos rompu !

Ma mère n'a manqué de rien matériellement, sa famille était considérée comme riche. Elle était bien habillée, avait des bijoux, mais c'était elle aussi l'esclave de la maison, seule fille au milieu d'une lignée de garçons. Tout le monde parlait de sa beauté dans le village, et son père la considérait comme un trésor imprenable. Elle ne sortait jamais.

Mon père a cherché à savoir qui était cette beauté mystérieuse. Il a guetté dans les arbres au-dessus de la source comme les autres garçons, espérant l'apercevoir lorsqu'elle puiserait de l'eau. Hélas, elle n'en avait même pas le droit. Un jour, à l'occasion d'une fête de mariage, ma mère, qui avait alors quinze ans, a supplié ma grand-mère d'y assister.

Ma grand-mère a cédé, avec un flot de recommandations :

« Je veux que tu restes tout au fond de la salle, à l'écart ! Je ne veux pas que tu montres ton visage ! Je te préviens, si jamais on me dit que tu t'es approchée des musiciens ou des hommes, si j'entends quoi que ce soit à ton sujet, je te jure que je te tue ! »

Elle a donc assisté à la fête, couverte du « haïk », le drap blanc traditionnel qui ne laisse apparaître que les yeux. C'était dans les années soixante, et les femmes le portent encore de nos jours dans son village. Et c'est ainsi couverte de la tête aux pieds, exilée dans un coin, muette, que mon père l'a enfin repérée. Le grand-père a trouvé mille excuses, sa fille, la prunelle de ses yeux, ne quitterait la maison que le plus tard possible… Mais l'amoureux n'a pas lâché prise, pendant plus d'un an. À bout d'arguments, le grand-père a finalement cédé devant tant d'acharnement. Les préparatifs ont commencé. Ma mère ne cessait de répéter : « Je ne veux pas me marier, je ne le connais pas. » Son père répliquait : « Tu l'épouseras quand même ! » Il y a eu bagarre dans le village lorsque les autres ont su que sa plus belle fille était donnée à un étranger. Ils voulaient tuer mon père, et il a fallu que son futur beau-père intervienne avec le poids de son autorité, heureusement reconnue. Il a déclaré ouvertement, à la rébellion des jeunes coqs du village :

« Ce n'est pas lui, c'est moi qui ai décidé ! Il la voulait, c'est son destin, elle est ma fille et je la donne à qui je veux. Ceux qui veulent assister au mariage y assistent, ceux qui ne veulent pas, tant pis pour eux. »

30

Pendant que la guerre menaçait autour de cette mésalliance dans le village arabe, côté berbère c'était le même combat. La future belle-mère s'employait à faire annuler ce mariage par tous les moyens. Elle a même payé un homme, pendant une absence de mon père, pour qu'il vienne faire des avances à la future épouse et la mettre en faute. Le piège n'a pas fonctionné.

Une fois le mariage célébré, les hommes du village arabe ont même envoyé un émissaire à la jeune mariée, son propre petit frère, chargé d'un message : « Si tu abandonnes le Berbère pour épouser "untel", il t'achètera tout ce que tu veux. Il t'envoie cette ceinture en argent… »

Heureusement, les nouveaux époux ont changé de village, et je suppose qu'elle a appris à aimer mon père tout simplement, mais à l'époque de mon adolescence je ne comprenais pas qu'elle était heureuse avec lui.

Mon père, lui, ne se raconte pas beaucoup. Ce que je sais de son enfance, je l'ai malheureusement appris trop tard pour en tenir compte dans ma révolte permanente contre lui. Personne ne lui a donné cet amour que je réclamais comme un dû. Orphelin de père, alors qu'il n'avait que quelques mois, délaissé par sa mère, il a été élevé par une femme qui lui menait la vie dure, sous le contrôle d'un frère aîné malheureusement trop absent. Il s'est courageusement réfugié dans les études, mais, lorsqu'il voulait réviser le soir, elle éteignait la lumière en disant : « Ça coûte cher ! Ce n'est pas toi qui paies l'électricité ! » Alors il travaillait à la bougie. Du peu qu'il nous a raconté car il n'aime pas parler de cette période de sa vie, cette femme l'a même fait dormir dans un cagibi, pendant que son frère, l'unique personne capable de le protéger, n'était pas là. Il n'a donc connu que la dureté d'une enfance sans amour et, devenu père à son tour, il a exercé ce rôle avec un sens du devoir exacerbé. Il avait obtenu un contrat de travail en France par l'un de ses cousins. Je pense qu'il a souffert de quitter son métier de fonctionnaire, donc un certain statut social. Il s'est retrouvé ouvrier en usine mais gagnait mieux sa vie qu'au pays...

Si mes parents m'avaient parlé d'eux plus tôt, j'aurais peut-être mieux compris leur comportement, mais, hélas, comprendre ou non leurs motivations n'aurait rien changé à mon avenir. J'avais sur le dos le poids de deux cultures différentes mais complices dans la tradition qui consiste à étouffer les filles. Je ne connaissais leur pays qu'en vacances et au soleil de l'été. J'adore le Maroc, je ne renie pas mes origines, je suis croyante, je n'avais aucunement l'intention de courir après les garçons, – ils ne m'intéressaient même pas, et pour cause –, mais je voulais que ce soit *mon* affaire et pas la leur. Toutes ces histoires de « mariages arrangés » qui me venaient aux oreilles n'étaient certainement pas pour moi. Je ne vivais pas dans un village de montagne isolé, je n'avais pas vocation de servante esclave des hommes. Il me semblait normal, évident, que mes frères étaient tout aussi capables que moi de mettre la table et de ranger leurs affaires. De rendre service à la communauté au lieu de se prélasser en m'accusant des pires maux à la moindre réflexion de ma part. Certains étaient plus calmes que d'autres, moins violents et moins agressifs, mais ils pesaient sur ma vie de tout leur poids de petits mâles protégés par mon père. Encouragés par lui à perpétuer ce machisme au lieu d'évoluer. J'avais des copains maghrébins d'origine, tous ne se comportaient pas ainsi. Tous les pères ne ressemblaient pas forcément au mien. Ils ne tabassaient pas leur fille systématiquement.

Et pourtant, malgré ma révolte, mon refus d'obéissance aux fameuses règles, j'étais bien obligée de les accepter, ou de les contourner comme une criminelle en puissance. Je n'étais pas la seule.

Ma meilleure amie, Souria, ravissante et gaie, toujours habillée «classe», comme elle disait, s'ingéniait à mentir pour exister. Vêtements dissimulés, maquillage dans le hall de l'immeuble, démaquillage avant de rentrer, rendez-vous compliqués avec son petit copain, en cachette des frères, en cachette de tout le quartier, elle avait une mauvaise réputation pour rien. Elle avait dix-sept ans, dix-huit, puis vingt, et rien ne changeait pour elle comme pour moi. «Fliquée» en permanence par les frères, surveillée par sa mère comme de l'huile sur le feu, Souria ne voulait qu'une chose : vivre gaiement l'insouciance de son âge. Elle la payait comme moi, cette insouciance, mais le rire aux lèvres et se moquant du reste.

Je n'avais pas cette légèreté – jamais une jupe, pas de maquillage, pas de petit copain. Le quotidien à la maison était un torrent de violence pour moi. La première fois qu'un garçon m'a demandé de sortir avec lui parce qu'il était amoureux, ma première réaction a été de lui flanquer une claque. Je ne savais réagir que par la violence.

«Pour qui tu me prends ?»

Mes copines m'ont regardée de travers :

«Ça va pas ? Il a rien fait de mal, il est mignon, sympa... Pourquoi tu lui cognes dessus ?»

Je n'avais que quatorze ans, je me sentais salie et humiliée par la proposition du garçon, je n'y voyais qu'un piège tendu à force de m'entendre dire :

«Où t'étais ? Si jamais on te voit dans le quartier... Si jamais on parle de toi... Si jamais tu n'es pas vierge... »

Cette obsession de la virginité dans les familles du quartier, qui empêchent toute relation même amicale avec les garçons, est insupportable à vivre en France au XXIᵉ siècle. Elle était pourtant devenue la mienne. Et elle l'est restée. Si j'avais su…

À qui parler ?

J'étais faite pour rire et être heureuse. J'en suis persuadée, et je ne comprends toujours pas pourquoi rien dans ma vie ne ressemblait à une miette de bonheur, jusqu'au jour où enfin… j'ai entendu la voix de la sage-femme dans le couloir de la clinique : « C'est une fille ! » Une petite sœur, un être qui me ressemblait ! Je n'y croyais pas au début, persuadée qu'on me mentait. Je me disais : « C'est impossible, on va me la reprendre, on me l'a seulement prêtée, il ne faut pas que je m'attache à elle, elle ne restera pas. » J'avais seize ans, je ne pouvais guère partager des choses avec elle, mais je lui parlais de mon mal-être, de tout ce qui n'allait pas. Elle n'avait que quelques semaines et déjà je m'enfermais avec elle dans la salle de bains. Je lui disais : « Sirinne, j'ai confiance en toi, je peux tout te dire, tu ne le répéteras pas. Je ne sais pas si c'est une bonne chose que tu sois venue au monde, mais je serai toujours là pour te protéger, plus tard tu ne vivras pas la vie que je mène, je peux te le jurer… »

Elle est devenue ma confidente sur tous les sujets, je la câlinais et m'occupais tellement d'elle que notre relation est devenue fusionnelle. Je l'adorais et elle me le rendait bien. En grandissant, elle a accepté sans problème le poids de l'autorité paternelle. Si mon père disait : Il faut faire ceci ou cela... elle le faisait tout simplement. Et bizarrement elle obtenait de lui ce que je n'étais jamais parvenue à obtenir : une relation équilibrée, donc un dialogue normal. J'en ai conclu que c'était moi et mon sale caractère qui avions tout faux. Sirinne a su lui dire « non » à certaines choses sans hurler, pas moi, et a joui d'une certaine liberté, pas moi. Je m'acharnais dans un duel père fille, sans fin, sans admettre que nous nous ressemblions finalement dans cet acharnement fait d'amour et de rejet mutuel.

Je regardais mon père rentrer le soir à la maison, épuisé par un travail de « merde », dans une usine de « merde », comptant chaque sou de sa paye pour assumer l'existence de sa tribu... Il y parvenait. Nous n'étions pas pauvres, nous n'étions pas riches, semblables ni plus ni moins aux habitants du quartier. J'aurais voulu qu'il me parle de ses soucis, il ne l'a jamais fait. D'ailleurs, il ne m'a jamais parlé de rien, et j'étais bien incapable de me confier à lui. Il m'ignorait totalement, surtout après cette tentative de suicide : un péché. Le suicide n'est pas « halal », le Coran l'interdit. Lorsqu'il s'adressait à moi, c'était sous forme de menaces de coups, ou de coups. J'imaginais un autre langage :

« Tout va s'arranger. Tes frères vont te laisser tranquille, ils se prennent pour des princes, je vais leur faire comprendre que dans une famille nombreuse tout le monde doit s'entraider. Ils rangeront leurs affaires, ils débarrasseront la table, ils ne te frapperont plus jamais, et moi non plus. Tu auras une chambre pour toi seule, tu pourras y faire venir tes amies, tu pourras sortir, aller en ville et au cinéma sans te cacher, tu es ma fille unique, je t'aime et je te fais confiance. Tu choisiras le métier que tu veux

faire après le bac, et je serai toujours fier de toi. Plus tard, si tu tombes amoureuse d'un gentil garçon et que tu veux l'épouser, je serai content. Et si tu as de la peine, tu pourras tout me dire, toujours. Je t'aiderai à devenir une femme indépendante et heureuse, je ne veux que ton bonheur. »

Un rêve irréalisable. J'étais si malheureuse et persuadée qu'il ne m'aimait pas que j'ai crié un jour :

« Je me demande si je suis vraiment ta fille ! Est-ce que je le suis ? »

Choqué, il m'a regardée, les larmes aux yeux.

« Si tu es ma fille ? Mais quand tu es née, je t'ai soulevée à bout de bras vers le ciel, et j'ai dit : "Tu es mon soleil !" Tu étais ma seule fille, j'aurais voulu tout te donner ! Qu'est-ce qui te manque ? »

Je ne suis pas arrivée à prononcer les mots qu'il fallait : « Papa, je t'aime, dis-moi que tu m'aimes aussi et je n'aurai plus envie de mourir… »

Ma mère s'était contentée d'un sermon :

« C'est péché de vouloir se suicider. Tu veux mettre fin à tes jours ? Qu'est-ce qui te manque ? Tu as tout ce qu'il faut, dis-toi qu'il y en a des plus malheureuses que toi. Si tu te suicides, tu n'iras ni au paradis ni en enfer. Tu veux que ton âme aille se perdre n'importe où ? »

Je regardais cette mère plongée dans la confection d'un tajine, me houspillant pour la lessive ou le repassage, l'aspirateur ou la serpillière, à l'heure où j'avais besoin de réviser un contrôle de maths. J'aurais voulu qu'elle s'adresse à l'un de ses fils : « *Ta sœur révise ; puisque tu n'as rien à faire, mets le linge sale dans la machine et occupe-toi des petits, empêche-les de hurler !* »

J'aurais voulu aussi qu'à l'âge de seize ou dix-sept ans elle me dise : « *Si tu as un petit copain, amène-le à la maison, qu'on fasse connaissance.* »

Mon frère aîné avait le droit d'amener sa copine à la maison, personne n'y trouvait à redire... Pourquoi pas moi ?

À cette question je connaissais la réponse. La copine en question était «française», gauloise autrement dit. Elle avait accepté de se convertir à l'islam, donc il n'y avait pas de problème, sauf pour sa famille à elle qui l'avait fichue à la porte !

À qui parler ? Au mur. Ma tête était un mur, donc je me parlais toute seule. Il y avait les copines, mais, pour la plupart, elles avaient les mêmes problèmes que moi, à part l'une d'elles : «friquée», papa cadre supérieur, maman aussi, libre d'aller en ville et au cinéma, libre de nous accueillir chez elle, libre d'avoir un copain et d'en parler à sa mère sans tabou.

La première fois que j'ai accepté un flirt, j'avais presque dix-sept ans et c'était en vacances au Maroc. Il était un peu plus vieux que moi et, en France, il vivait loin de mon quartier. Je n'ai jamais fréquenté quelqu'un de ma ville, encore moins du quartier, je me serais fait «griller» en un jour ! Il a été mon premier amour, nous nous sommes fréquentés sagement deux étés de suite dans le plus grand secret. L'histoire était de toute façon vouée à l'échec car il était algérien. Je ne fais pas de différence entre un Algérien, un Marocain, un Tunisien d'origine ou un Français, mais mes parents, eux, ne l'auraient jamais accepté. Une Marocaine ne peut épouser qu'un Marocain, il faut qu'il soit connu de la famille, cousin d'un cousin, ou natif du même bled. Sinon, c'est la guerre. Je me disais qu'un jour ou l'autre les filles seraient condamnées à épouser un garçon du quartier, voire du même immeuble et du même étage !

À dix-sept ans, je n'avais encore jamais embrassé de garçon. Au début, je l'ai envoyé balader, comme je le faisais habituellement, parce qu'il me suivait en voiture. Je me promenais avec une cousine, et j'ai entendu :

« Mademoiselle, j'aimerais faire votre connaissance… »

Et moi, dans le langage de mon quartier, brutal et qui va très vite à l'insulte destinée à décourager immédiatement le dragueur :

« Vas-y, dégage, toi et ta connerie. Est-ce que tu t'es regardé ? »

Mais en disant cela, je l'ai évidemment regardé : brun, le teint mat, les yeux vert émeraude… J'ai continué à marcher en me disant que j'étais vraiment bête, et ma cousine a traduit pour moi :

« T'es con ? Un beau mec comme ça ? »

Il m'a suivie tout le long du chemin à l'aller comme au retour. Je me suis énervée et à un moment donné je l'ai même menacé :

« T'arrêtes ? J'ai dix frangins, alors méfie-toi ! »

Il a rigolé, pas du tout impressionné. Et en rentrant à la maison, je me suis mise à rire aussi avec ma cousine.

« Il est vraiment trop, celui-là ! Il a perdu je ne sais combien de temps à me poursuivre en voiture. »

J'étais flattée, sans vouloir l'admettre, d'autant plus que ma cousine estimait que je n'attirais que « des beaux mecs » et pas elle.

Au Maroc, la vie quotidienne était différente – l'air des vacances, la certitude de ne pas être espionnée par les gens du quartier me libéraient un peu, si peu… Mais j'avais dix-sept ans et le garçon était séduisant. Bien élevé, à l'aise dans ses baskets, et surtout obstiné !

Depuis le balcon de la maison de vacances, chez une de mes tantes, je regardais en bas dans la rue le petit café où se rassemblaient les garçons, j'avais une vue imprenable. Il a su que j'habitais en face, et tous les soirs il était là à attendre, le nez en l'air. Et j'étais toujours là à guetter, le regard soi-disant lointain…

Un jour, il m'a mise devant le fait accompli, en envoyant une messagère chez ma tante. Il avait soudoyé une de mes petites cousines.

« Leila, y a un gars qui te demande en bas.

— N'importe quoi ! C'est qui ? Tu vas lui dire qu'il aille jouer ailleurs ! »

Ma tante est âgée, et je l'adore. Elle vit seule depuis son divorce, c'est une femme berbère libre avec qui je peux parler de beaucoup de choses.

« Pourquoi tu l'envoies balader comme ça ? »

Elle est allée sur la terrasse observer le garçon planté en bas de l'immeuble, le nez en l'air.

« T'as vu le beau gosse qui t'attend en bas ?

— Tu sais bien que c'est pas possible. Je n'ai pas le droit !

— Mais, ma pauvre chérie, tu attends quoi ? Que tes parents t'en ramènent un de force ? »

Elle me confrontait à un problème auquel je n'avais jamais pensé réellement. Je savais que les mariages arrangés existaient, mais je n'aurais jamais cru que mes parents me feraient ça un jour. Pas moi ! Une Française !

« Crois-moi, Leila, n'attends pas qu'on te ramène n'importe qui… Fais ta vie toi-même. »

Elle parlait d'expérience. Mariée deux fois, divorcée deux fois, devenue une vieille dame seule et sans amour à plus de soixante-dix ans, elle en savait plus sur la question.

Je ne suis pas descendue tout de suite, à cause de mes parents. J'ai donné ma réponse à la messagère sous forme d'un rendez-vous extérieur.

« Dis-lui que s'il n'est pas là à l'heure exacte, c'est fini, pas la peine qu'il insiste ! »

Quand je suis arrivée au rendez-vous, il était déjà là depuis dix minutes.

J'étais bien avec lui. Il était respectueux. Une seule fois j'ai failli me laisser entraîner plus loin. Mais j'ai eu un sursaut : *Qu'est-ce que tu fais ?*

J'ai pris mon vélo et je l'ai laissé en plan. Je ne voulais plus le revoir ensuite, j'avais eu trop peur de me laisser tenter. Pendant une semaine, il a guetté devant la maison pour me parler. Un beau jour, il en a eu marre et a sonné carrément chez ma tante.

« Il faut absolument que vous disiez à Leila que je veux la voir. »

Ma tante a imaginé un piège auquel je ne m'attendais pas de sa part.

« Écoute mon garçon, moi je ne vais rien lui dire du tout. Tu vas aller au café, tu nous attends là tranquillement, je vais te l'amener, et tu te débrouilleras avec elle ! »

À moi, elle a seulement dit :

« Ça te dirait de m'offrir un Coca ?

— À ton âge, tu veux aller au café ? »

— J'ai passé soixante-dix ans, après tout je peux bien pour une fois dans ma vie aller boire un Coca avec ma nièce ! D'ailleurs, ce café fait aussi salon de thé ! »

Les femmes au Maroc ne vont pas au café. Les jeunes filles y vont en cachette. Je me demandais si elle n'avait pas en tête de me tester, pour savoir si je me conduisais bien ou non…

« Tu veux vraiment aller au café ? T'es sérieuse ?

— Je te dis que je veux y aller ! »

Et elle me tirait par le bras en riant comme une gamine en fugue.

« Allez, amène-toi, tu me paies un coup ! »

Quand je l'ai vu qui attendait à la terrasse, j'ai compris et ma tante m'a poussée en avant.

« Vas-y ! Allez, va ! Je reste là et je vous attends. »

Elle s'est assise tranquillement devant son Coca et nous a regardés partir faire une promenade, l'air d'avoir joué un bon tour à la terre entière.

Je me suis expliquée avec mon amoureux transi, en pleurant.

« Je me suis rendu compte que j'allais faire une bêtise, et que je pourrais la regretter toute ma vie. Toi, tu es un mec, tu n'as rien à perdre. »

Il m'a prise dans ses bras.

« Tu as raison, moi je n'ai rien à perdre et toi tu perdrais beaucoup. Mais si un jour on doit le faire, on le fera dans les règles, je te le promets. »

J'avais au moins gagné la certitude qu'il m'aimait vraiment puisqu'il me respectait.

Deux étés de petits bonheurs volés, de baisers légers, de promenades à vélo en amoureux, dont je ne parlais à personne sauf à ma tante complice, la seule qui avait confiance en moi et espérait sincèrement que les filles de cette nouvelle génération allaient enfin faire leur vie, leurs choix, et être heureuses.

Mais ces parenthèses ne duraient que le temps des vacances, le reste de l'année il était hors de question de communiquer, de s'écrire ou de se téléphoner, il le savait comme moi. L'année de mes dix-huit ans, pas de vacances au Maroc pour raisons financières. Mon père avait des difficultés de travail – chômage, obligation de trouver un autre travail à mi-temps. Les frères lui coûtaient cher et, à part un ou deux qui étaient au RMI, les autres ne pouvaient pas grand-chose pour aider. Alors je n'ai revu mon premier amour que lorsque tout était déjà fichu d'avance pour moi. Trop tard pour aimer.

Au lycée, j'étais passée en seconde économique et sociale, puis en première. Je pouvais espérer avoir le bac. Mon père pensait que j'étais capable de devenir « quelqu'un », comme il disait, mais d'un autre côté il passait son temps à m'humilier au quotidien et à hurler que je n'étais bonne à rien à la maison.

Je lui ai donc prouvé que j'étais réellement une « bonne à rien ». Et je n'ai rien fichu en première ! Ni à la maison. Moins j'en faisais et plus il m'insultait, évidemment, c'était un cercle vicieux dont je ne parvenais pas à sortir. Être bonne à rien pour lui n'avait rien à voir avec les études mais toujours avec la soumission. Il ne réussissait pas à me faire courber la tête ou le dos, parce qu'il ne voulait pas comprendre qu'un peu d'amour de sa part, et de justice, aurait suffi à me transformer en gagnante.

Il passait tout à ses fils, même les pires bêtises, et rien à sa fille. À la lecture de mes résultats scolaires, il aurait pu me retirer du lycée, m'enfermer à la maison et me condamner au ménage. Au lieu de cela, il m'a mise dans un lycée privé, histoire de me « visser » davantage. Là, j'étais supposée passer un BEP de secrétariat et comptabilité.

Depuis la troisième, au moment de l'orientation scolaire, mon père avait choisi pour moi.

Il y avait pourtant une filière vers le social, mais il fallait pour cela que je parte de la maison. C'était hors de question pour lui. Au fond, je n'avais que ce que je méritais à ses yeux, je dégringolais d'un échelon scolaire, ainsi je n'aurais pas le sésame du « bac » qui permettait d'autres choix. Le résultat fut que je n'ai eu aucun effort à faire pendant ces deux ans, nul besoin de réviser puisque jusqu'en première j'avais toujours décroché de bonnes notes. Je passais les contrôles continus les doigts dans le nez, mes notes se promenaient entre 18 et 20. J'étais bonne en français et en anglais. Mais je détestais l'idée de devenir comptable ou secrétaire enfermée dans un bureau ! Je voulais faire du social, aider les autres, être en contact avec les gens, avoir un emploi humain, au lieu de passer mon temps à aligner des colonnes de chiffres sur un écran d'ordinateur.

Je me fichais complètement d'un avenir de gratte-papier, décidé sans moi.

J'ai eu dix-huit ans, j'étais majeure ? La majorité n'a aucun sens dans la famille. Même mariée, une fille n'est jamais majeure aux yeux des pères, des frères ou des maris. L'œil de Moscou du jeune frangin était toujours braqué sur moi, les « caméras » du quartier fonctionnaient de plus belle. Pendant le ramadan, tous les soirs, je me mettais sur le balcon pour fumer ma cigarette à la fin du jeûne. Je prenais encore un risque, en jouant avec le feu. Tout le monde était là, je pouvais me faire griller à tout moment, la clope au bec. Mes frères essayaient de me coincer depuis long-temps. Pendant un mois, j'ai fumé tranquillement ma seule cigarette de la journée au coucher du soleil. La veille de la fête de fin de ramadan, j'étais donc là à fumer ma clope avec mon bonbon à la menthe et mon déodorant dans la poche, parade contre les vérifications intempestives du genre : « Ouvre la bouche et souffle-moi dans le nez ! »

Je prenais soin normalement d'éteindre mon mégot par terre et de le mettre dans la boîte d'allu-mettes… Je ne passais jamais la tête par-dessus le balcon, car n'importe qui en bas aurait pu me voir. Ce soir-là, je pensais que mes frères étaient au foot, je me croyais tranquille au point de jeter négligem-ment le mégot par-dessus la balustrade…

Mais les frères et leurs copains étaient en bas et je ne les avais pas entendus. Et je portais des bra-celets ! La faible lueur du mégot mal éteint et le bruit des bracelets accompagnant mon geste m'ont perdue ! Au lieu de rester cachée derrière le linge étendu sur le balcon, j'ai sorti la tête, curieuse de voir où tombait le mégot ! Alors « ils » m'ont repérée. Mon frère m'a regardée avec jubilation, l'air de dire : « Pas besoin d'aller bien loin, pas besoin de te suivre dans la rue, ça fait des années que j'essaie de t'avoir, je t'ai eue ! »

Explication : prendre sa sœur en état de désobéissance, c'est pour un frère l'occasion d'un chantage odieux.

« Je t'en supplie, ne le dis pas aux parents, je t'en supplie... »

Je me suis même mise à genoux.

« Je t'en supplie, je t'en supplie ! »

Il n'a rien dit aux parents mais m'a pourri la vie pendant plus d'un mois.

Il s'allongeait sur le canapé, et en claquant des doigts :

« Hé, va me chercher un verre d'eau », « Hé, mes chaussures », « Hé, fais ci, fais ça ! »

Un jour, j'en ai eu marre, j'ai répondu :

« Va te faire foutre ! »

Qu'est-ce que je risquais ? Me prendre une tête ? J'avais l'habitude ; elle serait un peu plus corsée que d'ordinaire, sans plus.

« Je préfère que tu me balances plutôt que de te servir comme une chienne. T'as envie de le dire, dis-le !

— Tu veux vraiment ça ?

— Oui, je préfère que papa me fracasse le cerveau, qu'il me tue, plutôt que de continuer à jouer la chienne obéissante ! »

La confrontation durait encore alors que je faisais la vaisselle. Il préférait sûrement m'avoir comme esclave plutôt que comme adversaire.

Ma mère a entendu des éclats de voix.

« Qu'est-ce qui se passe encore ? Laisse donc un peu ta sœur tranquille ! Tu es toujours derrière elle !

— Mais qu'est-ce que tu crois, maman ? Tu crois que ta fille est une fille bien ?

— Non, elle a ses défauts. Mais laisse ma fille tranquille !

— Quoi ? Ta fille, ta fille, ta fille ! Ta fille, elle fume la cigarette. C'est ça que tu veux entendre ? Ta fille, elle fume la clope. Je l'ai grillée. »

Alors la voix de mon père a tranché :

« Leila, va dans la chambre ! Toi aussi ! Tous les deux ! »

Je hais cette chambre depuis mon enfance, depuis que la porte se refermait soit sur le jeune agresseur, soit sur les raclées de mon père. Mon malheur s'est toujours déroulé dans cette chambre maudite, la seule qui ferme à clé, celle des parents. Le lieu de règlement des conflits.

« Tu fumes ? »

Mon frère d'un côté, mon père de l'autre. Si je réponds : « Oui, je fume », je prends une gueule de mon père. Si je réponds « non », je prends une tête de mon frère.

Et ça a commencé par des gifles. Tu fumes ? Boum ! Tu fumes ? Boum ! Tu fumes ? Boum ! Tu fumes ? Boum !

Je ne répondais pas. Sans baisser la tête, les yeux dans les yeux de mon père, ce qui l'énerve le plus. Mes frères baissaient les yeux, moi jamais. Les coups faisaient mal, mais ce regard lui disait : « Cogne... tu ne m'atteindras pas. »

Il m'a cogné jusqu'à ce que j'aie le cerveau embrumé et la tête qui tourne. Jusqu'à ce que je crie enfin, à la limite de m'évanouir :

« Oui, je fume, et alors ? C'est ce que vous voulez entendre ? Oui, je fume, je ne suis pas aussi bien que vous le voulez ! »

Ma mère était assise dans la cuisine, elle a pris un pichet d'eau et j'ai reçu en pleine figure l'eau et le pichet ensuite.

Et pour conclure je me suis fait corriger plus sérieusement. Ils m'ont tapé dessus comme des fous, mais bizarrement je n'ai pas eu mal.

Personne ne se plaint jamais dans le quartier. Les filles battues par leurs parents ou leurs frères respectent la loi du silence, c'est l'honneur de la famille. À la limite, elles en ont tellement l'habitude qu'elles trouvent ça normal. Si l'une d'elles osait se plaindre à une assistante sociale, à un professeur, à n'importe qui représentant une autorité, ce serait honteux pour elle. Quant à la police, n'en parlons pas. Les filles ne l'envisagent pas une seule seconde et j'étais comme elles. À la moindre velléité de révéler une violence familiale quelconque, nous sommes menacées d'avance :

« Si jamais tu parles à qui que ce soit, je te le jure : *je t'égorge et je bois ton sang !* »

L'expression consacrée. Violente – même si un esprit occidental a du mal à y croire, nous, nous y croyons, persuadées qu'ils nous égorgeraient aussi simplement qu'un mouton le jour de l'Aïd.

Mon histoire minable de cigarette fumée en cachette à dix-huit ans a donc tourné au drame. Et il n'était nullement question de la santé de mes poumons, je n'étais pas une fumeuse au sens nocif du terme. Une cigarette de temps en temps, en cachette, cela n'allait pas plus loin. Il s'agissait uniquement pour eux de respecter l'interdit. Une fille ou une femme qui ose fumer est classée dans la catégorie des mauvaises filles, celles des cabarets qui dansent devant les hommes, autrement dit des «putes».

Mais pour continuer à braver l'interdit je faisais n'importe quoi. Je me mettais même la tête dans le vide-ordures de la cuisine pour y faire disparaître la fumée !

Je refusais qu'ils aient une emprise totale sur moi. En me moquant d'eux de cette manière, je compensais une frustration bien plus importante. La tête dans le vide-ordures, je me disais : « Ils sont à côté, je fume une cigarette sous leur nez et ils ne s'en rendent pas compte. Ils se croient malins à tout interdire, et *moi* j'y arrive quand même ! » C'était une bien pauvre revanche.

Le lendemain, dès le matin, j'ai acheté deux paquets de blondes. Je ne suis pas allée en cours et, histoire de protester toute seule, j'ai choisi de faire une promenade jusqu'à mon ancien lycée.

Je ne me lâchais jamais les cheveux, mais, ce jour-là, mon visage était violacé du côté droit et j'avais dû les laisser recouvrir mes joues.

Je me sentais mal. Les copains me trouvaient bizarre.

« Qu'est-ce que tu as ?

— Rien, rien, j'ai rien du tout. J'ai mal dormi, je dois avoir la grippe. »

J'étais là parce que je ressentais le besoin de me confier mais, comme toujours, à la première question je me refermais comme une huître. Personne ne savait que j'avais tenté de me suicider à treize ans, ça n'était pas sorti de la famille.

Les copains ne pouvaient pas m'aider. J'étais revenue comme un voyageur nostalgique respirer l'odeur du bac, des illusions perdues, par ma faute en plus. Je tournais en rond dans mon malheur. Je me nourrissais presque de lui.

J'ai dit « salut » et je suis allée me planquer à l'autre bout du lycée immense, derrière les escaliers d'un bâtiment. Là, complètement isolée, j'ai commencé à fumer, une clope, deux clopes, en cogitant sur ma vie et en me parlant toute seule, comme d'habitude.

« Finalement, tu ne sais pas pourquoi tu restes là. Leila, t'as dix-huit ans, tu es majeure, tu pourrais te barrer, faire ta vie ailleurs. Tu es lâche ! »

Mais d'un autre côté, il y avait cette petite voix qui me disait :

« Mais si tu t'en vas, tu coupes les ponts avec ta famille. Même s'ils te font du mal, c'est quand même ta famille. Tu n'as personne d'autre que cette famille. »

J'ai ressassé toute une matinée – est-ce que je pars, est-ce que je ne pars pas ?… Et je fumais désespérément à en tousser.

Mon ami Karim est venu. Il était le seul à savoir que je me réfugiais là lorsque j'allais mal.

« Leila, qu'est-ce qui t'arrive ? »

La main sur mes cheveux pour qu'il ne voie pas.

« Rien.

— Non, déjà cette coiffure, c'est pas toi.

— J'avais envie de me lâcher les cheveux, ils ont besoin de respirer un peu.

— Arrête de te foutre de ma gueule ! »

Il m'a pris la main et a soulevé mes cheveux pour contempler l'hématome.

Là, je me suis mise à hurler, hystérique :

« Mais qu'est-ce que tu veux que je te dise ? Que j'ai une vie pourrie ? J'ai trois solutions : soit je me tue, soit je fous le camp, soit je continue cette vie de merde. J'ai fumé une clope, c'est tout, et mon frère m'a grillée !

— Attends, t'as vu dans quel état tu es ? Pour une clope ? C'est pas normal !

— Mais qu'est-ce que tu veux que je fasse ? Si je me plains, je prends le risque qu'ils retirent tous les plus petits de la maison ! La famille disloquée, le placement à la DDASS et la honte ! »

Je ne voulais pas faire de mal. Je ne voulais pas être la cause de la désintégration de ma famille. La honte en retomberait toujours sur moi de toute façon.

Mes frères aussi ont pris des coups, mais beaucoup moins. Par exemple, si l'un d'eux rentrait ivre.

Mais ce n'était pas pareil. Moi, c'était pour tout! Un oubli, une réponse de travers, un retard, et je ne faisais rien pour les éviter.

« Tu vas pas faire de conneries. Tu me jures ?

— Non, t'inquiète pas. »

Mais je venais de décider de partir. Je ne l'ai dit à personne, même pas à lui. Je ne savais pas vraiment où aller. Un copain qui n'était pas du quartier s'est débrouillé pour me trouver un hôtel, pendant une semaine, à trente ou quarante kilomètres de chez moi. Je lui ai raconté que j'avais besoin de respirer, que je n'en pouvais plus chez moi, sans entrer dans les détails, et il n'a pas cherché à savoir. Je me doutais inconsciemment que, si je commençais à me confier à quelqu'un, personne ne me comprendrait, à moins de *tout* lui dire. Or je ne pouvais pas m'y résoudre, c'était trop dur, donc je fermais ma gueule pour l'éternité, et c'était dur aussi.

Pendant cette semaine de fugue, j'ai passé mon temps à pleurer. Je ne mangeais pas, j'étais partie sans rien. Je n'avais même pas mes papiers d'identité, puisque mon père les gardait. Bref, je n'avais rien qui puisse me permettre de fuir réellement. Ni argent, ni papiers, ni endroit où aller. Le copain avait demandé à son frère aîné de payer l'hôtel pour moi, ça ne pouvait pas durer. Il était sympa, il voulait bien m'aider, mais un soir, malheureusement, il a voulu rester dormir, et je me suis aussitôt braquée violemment. Je n'étais pas venue lui demander de l'aide de cette sorte. Il a compris.

Le lendemain, j'ai pris mes cliques et mes clopes et je suis retournée chez moi, la mort dans l'âme. Pas d'autre issue. Tentative ratée.

Mon père, complètement livide, fou de rage et d'humiliation, ne m'a même pas regardée, ni adressé un mot. J'étais morte pour lui. Et là je me suis dit : « Si jamais je l'ouvre, même pour me justifier, il me tue. »

Ma mère m'a insultée de tous les noms d'oiseaux : « T'étais où ? T'es qu'une pute ! Partir comme ça ! Découcher pendant une semaine ! On ne sait pas ce que tu as fait ! Demain, tu vas chez le médecin. »

L'humiliation était encore et toujours pour moi finalement. Ils m'ont emmenée chez le médecin à dix-huit ans. Majeure et vaccinée, j'ai dû subir l'examen pour les calmer.

« Elle est vierge, ne vous inquiétez pas ! »

J'avais le sentiment d'avoir été violée, pourtant. On ne me croyait pas, on ne me comprenait pas. La seule chose qui comptait, c'était cette saloperie de virginité. Aucun respect pour moi. Et si quelqu'un leur avait dit : « Mais son père la bat ! Ses frères la battent, elle a raison de fuir… », je suis sûre qu'ils auraient répondu en chœur, père, mère, frères compris : « Battue ? C'est elle qui dit ça ? Quelle honte ! »

Ce comportement social, cette obsession de la virginité, est une question qui me trotte tout le temps dans la tête. Ils nous rendent folles avec cette histoire. Je ne trouve pas de réponse. Si j'en avais une, j'arriverais peut-être à la sérénité. Mais je crois qu'il n'y a pas de réponse logique. C'est le refus traditionnel de l'indépendance des femmes.

C'est comme ça, et on n'a rien à dire. Il faut marcher droit, suivre le chemin tracé. Il n'y a pas d'évolution possible de mentalité. Cette virginité est sous la responsabilité du père ou des frères, puis du mari. Un corps de femme leur appartient.

Et cette possession de droit nous ronge la cervelle. Leur honneur est mal placé, mais les pères refusent de l'admettre. Ils font peser sur leur fille un soupçon permanent.

Ils fouillent sa tête, ses affaires, son cartable, ses poches, à la recherche de n'importe quel objet personnel et défendu. Un paquet de cigarettes? C'est une pute. Un poudrier, un tube de rimmel ou de rouge à lèvres, un slip rouge? C'est une pute. Le mot d'un petit copain? C'est une pute! Un tampon hygiénique? Direct chez le médecin, que la fille soit majeure ou pas... Des pilules? En route pour la répudiation!

« Ils », ce sont aussi les frères, les cousins, les oncles, les tantes, les belles-mères... Ils ne nous traitent même pas comme des « objets ». On respecte un objet, pas une femme. La voilà ma rage, ma révolte. En dehors même de mon cas particulier, je sais que nous sommes des milliers à nous taire et à subir, parce qu'ils savent que nous ne pouvons pas vivre en dehors d'eux, de la famille et de la communauté, à moins d'être une « pute », comme ils disent. Celles qui s'en sortent ont rompu avec leur famille. Celles qui grimpent dans la société, trouvent des emplois et font des carrières, sont issues de milieux évolués. Il ne s'agit même pas de deuxième ou troisième génération d'enfants d'immigrés, il s'agit d'éducation, de culture, d'ouverture d'esprit au monde moderne.

Mon père a donné l'ordre à la famille de ne pas me parler.

« Le premier qui lui adresse la parole, je le fracasse! »

Lui-même ne me parlait pas. J'étais inexistante. Que mes frères m'ignorent, ce n'était pas trop grave. Mais que mon père passe à côté de moi comme si j'étais transparente était pire que tout. Ce silence a duré un mois et demi. J'ai compté les jours.

Ma mère ne me disait que l'essentiel : « Fais ci, fais ça. »

Alors je ne suis pas retournée au lycée, et suis tombée résolument malade.

Je ne mangeais plus, j'avais mal au ventre. On a dû m'emmener à l'hôpital. Pendant ce temps, je n'ai pas pu me présenter aux examens. Personne ne comprenait ce qui se passait dans mon corps. Moi, je savais. Tout se bloquait dans ma tête, et c'était lui, mon corps, qui s'exprimait en refusant le peu de nourriture qu'on me forçait à avaler. Personne n'a dit à aucun moment que j'étais dépressive, ou que je somatisais, je suis rentrée à la maison avec un traitement qui ne servait à rien, bien décidée à redevenir malade.

Je voulais retourner à l'hôpital, j'y étais bien mieux, quitte à faire tourner les médecins en bourrique. C'était vraiment pour attirer leur attention, voir si quelqu'un allait réagir et comprendre que j'étais en danger chez moi.

Résultat, les examens ne donnant rien, j'avais certainement une crise d'appendicite !

Ils m'ont descendue au bloc et opérée, mais pas de l'appendice qui ne se plaignait de rien... J'avais un petit kyste à l'ovaire. Rien d'urgent, mais tant qu'on y était !

J'étais bien dans cet état de malade. En pleine dépression, mais à ce moment-là je ne m'en rendais pas compte. Pour continuer d'attirer l'attention, comme une gamine qui refuse l'école, j'ai inventé des trucs de fou. Je me fabriquais par exemple un bel hématome à la cheville avec du bleu de méthylène. Mon père m'emmenait à l'hôpital, on ne voyait rien à la radio, c'était donc une entorse ! J'étais dans le plâtre pour trois semaines et très contente car les frères étaient bien obligés de me servir et de se débrouiller tout seuls.

Il fallait que ce soit toujours quelque chose aux jambes, histoire de leur dire : « Je ne peux plus marcher, je ne peux plus vous servir, je ne suis bonne à rien, donc vous êtes obligés de le faire à ma place... » J'ai dû l'inventer trois fois, ce coup de l'entorse à la cheville.

Le ventre aussi était un excellent prétexte. À condition de faire croire que j'avais également de la température ! On s'occupait encore de moi, et je me fichais pas mal de l'examen en retournant au lycée. Je savais qu'il ne me manquait qu'un malheureux point pour l'obtenir, et de toute façon c'était le choix de mon père, pas le mien.

Le conflit était toujours avec mon père, c'était lui le maître de ma vie, de mon avenir. Cette idée me torturait jusque dans mes cauchemars. Fuir... mais où ?

Je n'en avais pas vraiment la force, c'est lui qui me l'a donnée un jour.

Ils sortaient tous les deux. J'étais supposée surveiller un tajine et je rêvais devant un film à la télévision. Évidemment, j'ai oublié la marmite et la cuisine s'est enfumée ! J'ai raclé comme j'ai pu, reconstitué minablement le tajine, mais l'odeur de cramé s'était incrustée partout.

Je regardais l'heure avec angoisse, mon père allait me massacrer ! Il m'avait répété trois fois avant de partir :

« Je te préviens, surveille la cuisine, et s'il arrive quelque chose... »

J'ai entendu les pas dans l'escalier et décidé de jouer le tout pour le tout, mentir. Après tout, j'avais reconstitué à peu près la même recette que ma mère, mêmes légumes, même viande...

« Alors, t'as fait attention au repas ?

— Oui...

— T'es sûre qu'il s'est rien passé ?

— Non, non, qu'est-ce que tu veux qu'il se passe ?

— T'es certaine ?

— Ben oui. »

Il m'a pris la tête et l'a enfoncée dans la cocotte.

« Sens ! Tu continues à me prendre pour un con ? »

Il a pris le manche à balai et m'a tapé dessus, jusqu'à ce qu'il casse. Il m'a brisé l'avant-bras.

J'ai dormi toute la nuit sans me plaindre. J'avais mal partout, j'étais couverte de traces violettes, je tenais mon bras de travers.

Je suis allée au lycée le lendemain, toujours sans rien dire, mais la prof s'est aperçue que j'écrivais difficilement.

« Qu'est-ce qui t'arrive ?

— Rien, je me suis fait mal. »

Elle a voulu regarder mon bras, il avait triplé de volume. À l'infirmerie, même récit officiel, je suis tombée...

L'infirmière a appelé mon père. Il n'a fait aucun commentaire devant elle, pas même inquiet, sachant que je ne parlerais pas, mais en m'emmenant à l'hôpital :

« Je te préviens, si tu n'as rien, je te casse les deux bras, et cette fois pour de vrai. »

Dans la voiture, je priais : « Faites, mon Dieu, que l'infirmière ne se soit pas trompée... Faites que j'aie vraiment le bras cassé ! »

J'avais le coude déboîté. On m'a mis un plâtre. Et là, j'ai décidé de me « barrer pour de vrai ».

Déjà, pendant qu'il cognait, je me disais : « Tape, tape, parce que c'est la dernière fois. »

J'ai mis deux ou trois jours à me préparer. Je suis allée voir Martine, une éducatrice qui me connaissait. Je lui ai expliqué mon choix de quitter la maison, toujours sans entrer dans les détails. C'était pourtant la seule et la vraie personne à qui me confier totalement, mais je ne lui ai même pas dit que mon père me battait, je pleurais :

« J'en ai marre, je ne supporte plus... il faut que je parte, je suis majeure, je vais devenir folle ou me foutre en l'air, mais cette fois je vais pas me louper. »

Elle a compris. C'était son métier de deviner sans trop poser de questions aux filles, pour ne pas les braquer. Et par la suite elle m'a toujours suivie, acharnée à me sauver de moi-même et de mes pulsions suicidaires. Ce jour-là, elle m'a simplement demandé si j'étais vraiment prête, si j'avais de l'argent.

« J'ai absolument rien, mais je préfère vivre sous les ponts plutôt que dans cette baraque.

— Mais où veux-tu aller ?... »

J'avais une amie dans le Sud qui m'avait dit un jour en vacances de venir la voir quand je voudrais. Elle avait un studio, un copain, du boulot, c'était la seule porte qui pouvait s'ouvrir.

J'ai d'abord passé une nuit dans un foyer en province où une autre éducatrice m'a prise en charge et a beaucoup parlé avec moi, essayant de me faire dire ce qui n'allait pas chez mes parents, si j'étais vraiment sûre de ma décision... Je restais toujours vague. Même loin de mon père, et un bras dans le plâtre, je n'osais pas. À la première question trop précise, elle devinait que je filerais toute seule. C'est une telle humiliation d'être battue... Or j'aurais dû parler, tout dire, au lieu de m'obstiner dans ce silence destructeur. Avec le recul, je comprends maintenant à quel point j'étais butée et encore immature, malgré cette majorité que je revendiquais. Il faut accepter le dialogue, c'est la seule issue. L'unique pour ne pas aggraver son cas, et se retrouver comme moi prise au piège. Mais à cette époque je fonctionnais mentalement comme une marionnette qui ne connaissait qu'un seul discours : « Je suis malheureuse », point. Je n'entendais pas les autres, je ne saisissais pas les perches tendues et je filais dans ce malheur avec la prétention d'en sortir seule, ce dont j'étais totalement incapable.

Il a fallu ensuite que je contacte une amie et qu'elle me prête de l'argent pour prendre l'avion. L'autre m'attendrait à l'arrivée à l'aéroport. Je n'avais pas mangé depuis trois jours, presque pas dormi, je ne possédais qu'un petit sac minuscule, deux pulls, un jean de rechange et ma carte d'identité, volée à mon père.

J'ai pris l'avion à Paris pour la première fois de ma vie, nous allions toujours au Maroc en voiture pour les vacances. J'étais épuisée, avec le sentiment d'avoir fait le parcours du combattant. Je n'avais pas de projet vraiment précis, juste me poser comme un papillon fatigué chez mon amie. Une copine de vacances, comme d'autres relations dont je savais qu'elles vivaient dans le même quartier. Ainsi je ne serais pas la petite Maghrébine perdue dans une grande ville inconnue, j'avais au moins ce repère : Mina. Vingt ans, Française, Algérienne d'origine, émancipée, vivant avec son copain – je les avais vus en couple en vacances au Maroc. Il me semblait que, dans le sud de la France, les filles étaient plus courageuses que nous. Plus libres.

Après ? Je n'avais aucune idée de l'après... je devais d'abord respirer. Retrouver le goût de vivre et même de manger. Me persuader que tout irait bien, même si je ne savais pas comment.

J'étais trop naïve à l'époque. Jamais je n'avais quitté ma région, jamais voyagé ailleurs qu'au Maroc, rien vu d'autre que mon quartier et le lycée, aucune idée finalement de la vie des autres. Je ne me rendais pas compte à quel point mes parents m'infantilisaient. C'était leur manière de me couper du monde extérieur, de me rendre incapable d'exister autrement que sous leur coupe. Si j'avais réalisé cela, j'aurais peut-être mieux compris mon mal de vivre, et je n'aurais pas fait l'erreur de fuguer au hasard, de faire confiance naïvement à n'importe qui. Dehors, dans cette liberté inconnue, j'étais à la merci de n'importe quel danger. C'est ce qui est arrivé très vite.

Une mouche

Je me croyais fermement décidée à ne pas retourner chez mes parents.

À Mina qui m'accueillait, j'ai raconté une histoire de vacances, mon bras dans le plâtre étant toujours officiellement un accident. Je me mentais à moi-même et mentais aux autres, j'avais parfois le sentiment de me dédoubler. Le plus souvent, je me méprisais profondément d'être aussi lâche devant la réalité. J'enviais cette fille, vivant en couple sans être mariée, libre de m'accueillir « chez elle » sans avoir de comptes à rendre à personne. Qu'avait-elle de plus que moi ? Une force de caractère dont j'étais privée très certainement. Le genre de fille qui pour mon père a « mauvaise réputation ».

En tout cas, elle avait au moins une « vie » indépendante et je l'enviais, tout en sachant que j'étais incapable de faire comme elle. Et heureusement pour moi, car j'ai déchanté très vite.

Vers neuf heures et demie du soir, une bande de « mecs » a débarqué chez elle. Parmi eux Mina m'a présenté son petit copain, que j'avais déjà vu en vacances, et trois autres garçons un peu inquiétants puis deux filles sont arrivés, et trois garçons encore. Je me suis sentie mal à l'aise dès le début, mais pour faire bonne figure j'ai répondu aux questions aussi poliment que possible, tout en brouillant les pistes. Mentir encore, par prudence, pour que les détails mentionnés ne reviennent jamais aux oreilles de quelqu'un qui me connaîtrait, et parviennent jusqu'à ma famille par le téléphone arabe...

Je vis soi-disant à Paris où je ne connais guère que la gare de Lyon... et maintenant l'aéroport!

La bande s'installe et commence à vider des bouteilles de bière en discutant très fort. Je ne suis pas habituée à ce genre de réunion et j'ai soudain le pressentiment que je suis en danger. Les garçons ont l'air de ce qu'ils sont, le style «mecs de cité», allure affranchie, démarche balancée pour affirmer qu'ils sont «cool» et que rien ne leur fait peur. Je connais, les jeunes de mon quartier ont la même attitude faussement décontractée, mais ceux-là me semblent appartenir à un gang. Chez moi, les garçons me connaissent tous, nous avons grandi ensemble, et je n'ai pas de problèmes avec eux. Ici, j'étais en terrain inconnu. J'observais beaucoup, tout en restant sur mes gardes.

L'un d'eux a engagé directement la conversation avec moi.

«Alors, qu'est-ce que tu fais là?

— Je ne vais que passer, un peu de vacances...»

Tout le monde boit sauf moi, je n'ai jamais goûté à un verre d'alcool de ma vie. Et je commence à flipper sérieusement en les voyant passer de l'alcool aux joints. Mina se rend bien compte que je suis complètement décalée et inquiète dans cette ambiance, mais je comprends de mon côté qu'elle n'a pas le droit de parler ou d'arrêter la beuverie, son copain est le maître des lieux. Pourtant elle essaie de le calmer en douceur.

«Écoute, j'ai une amie à la maison, vous pourriez la respecter un petit peu.»

Il lui assène aussitôt une méchante claque avec le dos de sa main, sa joue devient violette, et elle se tait. Je commence à avoir sérieusement peur, mais ne le montre pas. Je continue à observer, muette et aux aguets. Un des lascars ricane :

« Eh, Mina, qu'est-ce qu'elle a, ta copine ? Elle a peur… »

Je le regarde dans les yeux avec aplomb alors que mon ventre se noue de trouille.

« Pas du tout ! N'importe quoi ! Pourquoi tu voudrais que j'aie peur ? Qu'est-ce que tu crois ? J'arrive de Paris, t'inquiète pas, des petits merdeux comme toi, y en a plein les rues… Et encore, à côté, t'es rien du tout ! »

Heureusement, je n'ai pas ma langue dans ma poche, je « tchatche » facilement. Mais ma langue se porte mieux que mes jambes, qui commencent à trembler. Je me réfugie côté cuisine pour aider Mina à préparer à manger. Les autres s'affalent par terre avec leurs bières et leurs joints, ils attendent d'être servis. Décidément, libre ou pas, Mina est coincée dans le même système que les autres : servir les hommes, si on peut appeler ça des hommes. Comme je ne peux pas m'en aller tout simplement, puisque je n'ai nulle part où aller dormir, je décide de regarder tranquillement la télé pendant que les autres continuent de picoler. Et tout à coup j'entends des bruits bizarres dans mon dos. Deux des voyous s'amusent à manipuler des fusils à pompe. Là, je suis prise d'angoisse. Finalement, je ne connaissais pas vraiment Mina, je ne l'avais côtoyée qu'en vacances. Et cette ambiance de fous – alcool, joints, armes –, ce n'est pas du tout ce que je pensais d'elle. Je réalise qu'elle est tombée sous l'emprise d'un sale type qui lui tape dessus et la contrôle par la peur. Elle a cru bien faire en m'accueillant chez elle, mais de toute évidence elle vit sous la menace en permanence. Elle ne travaille pas mais touche les Assedic. Elle m'a dit que son petit copain l'aidait financièrement, mais il est évident que ce type trafique, probablement dans le « deal », et qu'il se planque chez elle avec sa bande de malfrats. Je n'ai jamais vu de fusil à pompe ailleurs qu'au cinéma. Je commence à trembler intérieurement, tout en me persuadant de rester calme devant ces bouffons. L'un des deux fait carrément le mariole sous mon nez, avec la culasse du fusil. Je l'affronte :

« Vas-y, joue... Franchement, tu m'impressionneras pas.

— Ouais, vous, les Parigots ! T'as vu comment tu parles ?

— Je parle correctement. »

Il a compris que j'avais du caractère et a laissé tomber. Mais l'autre me cernait de près, l'œil prétentieux, genre : « Je vais me la faire, la Parigote... »

Il était hors de question qu'il mette seulement une main sur moi, mais comment me tirer de là sans dommage ?

Je me disais : « Leila, t'es mal barrée, il y a dix mecs dans ce putain de F2, deux fusils à pompe qui se promènent, ils ont fumé des joints, ils ont picolé, il y a des bouteilles partout, le vrai dépotoir. Je préfère encore la misère de mes parents à ça. Comment je fais ? Je me barre ? Mon sac est de l'autre côté de la pièce, si j'essaie de le prendre, ce crétin va me bloquer... »

J'ai respiré à fond pour me calmer et reculé un peu en m'efforçant de fixer la télévision pour que le voyou me lâche, mais en tournant la tête j'ai aperçu un couple allongé par terre et en pleine action devant les autres. Je n'avais jamais imaginé qu'une pareille chose existe. L'oie blanche que j'étais est devenue blême de honte et de trouille. La fumée des joints me piquait le nez, l'odeur de bière me barbouillait l'estomac ; entourée par cette bande de voyous, je me retrouvais prisonnière devant une scène immonde. La fille était consentante de toute évidence, mais si ce type à côté de moi me sautait dessus pour me violer ? Perdue, affolée, je me suis mise à prier intérieurement.

« Mon Dieu, mon Dieu, où je suis tombée… je te demande de m'aider. »

J'observais discrètement la porte : elle était fermée à double tour, pas de clé dans la serrure.

À deux mètres de moi, le couple indécent venait de se séparer, mais la fille restait allongée par terre et un autre garçon est venu prendre la relève !

Une horreur. Si je ne sortais pas de là immédiatement, les autres allaient forcément s'attaquer à moi. Alors je me suis redressée lentement en disant, le plus naturellement possible :

« Je vais aux toilettes… »

Ma main tremblait en ouvrant la porte de la minuscule salle de bains, j'ai tiré le verrou intérieur et coincé une petite armoire de toilette contre la porte.

Quitte à crever, je préférais crever dans cette salle de bains, de faim et de soif, mais jamais ils ne me passeraient sur le corps.

Derrière la porte close une voix répugnante de vulgarité :

« Oh là là… l'autre, elle a flippé… Eh ! beauté ! Ouvre-moi la porte, ouvre-moi la porte ! »

Le bon Dieu m'avait conduite jusqu'ici pour me punir, j'en étais persuadée. Je me suis mise à lui parler assise sur les toilettes, la tête dans les mains.

« Tu fais ça pour me punir, mais c'est bon, j'ai compris, je te jure que j'ai compris, mais aide-moi, aide-moi à sortir de cette misère. »

L'appartement minuscule n'avait pas d'autre issue que la porte donnant sur un immense couloir, au cinquième étage. J'étais piégée dans un HLM monstrueux de centaines de logements. Il y avait bien une fenêtre dans le salon, mais je ne pouvais décider de passer par là qu'en dernier recours pour me jeter dehors et mourir cinq étages plus bas.

J'y avais pensé avant de m'enfermer dans ce cagibi, j'avais regardé en bas en me disant : « Tant pis, si ce type m'agresse, je saute… »

Ma grande terreur ne venait pas des fusils à pompe mais du viol qui me menaçait. Ce que je préservais depuis l'adolescence, ma sacro-sainte virginité, si je la perdais de cette façon, c'était l'horreur absolue, je n'aurais plus qu'à mourir. J'avais fugué, quitté mon père pour en arriver là ? C'était donc lui qui avait raison, le monde extérieur était plein de dangers et Dieu m'abandonnait puisque j'étais une mauvaise fille…

Accroupie maintenant sur le sol, le dos appuyé contre l'armoire pour renforcer la sécurité de mon refuge, je pleurais silencieusement. Tétanisée de peur.

« Ouvre-moi la porte, allez, t'inquiète pas, on va rien te faire… »

Je ne répondais pas. Ils n'ont pas entendu le son de ma voix une seule seconde. J'allais mourir là, en silence, c'est tout, mais je n'ouvrirais cette porte à personne.

Puis j'ai entendu la voix de Mina, probablement envoyée par son copain :

« Leila, viens, allez, c'est bon… ne t'inquiète pas, sors. »

À elle, j'ai répondu :

« Non, Mina, je te jure que je ne sortirai pas.

— Sors manger juste un morceau.

— Je te jure, je ne sortirai pas d'ici. »

J'y suis restée deux nuits et un jour. Deux longues nuits et une interminable journée durant lesquelles ils n'ont pas pu prendre de douche ni aller aux toilettes.

Ils auraient pu casser cette porte. Mais ils ne l'ont pas fait, Dieu merci. Il y avait déjà quelques heures que j'étais enfermée là cette première nuit, et je passais mon temps assise en alternance sur le carrelage ou le siège des toilettes, j'ouvrais le robinet par moments pour me rafraîchir le visage tellement je pleurais de désespoir et d'angoisse. J'ai fini par m'endormir sur le carrelage, le long de l'armoire, épuisée à force de guetter le moindre bruit, les pas, les rires. Je me réveillais parfois en sursaut, j'entendais des bribes de conversation, la voix de Mina :

« Vous n'êtes pas sympas… »

Et immédiatement le bruit des claques qu'elle encaissait en retour. Il n'y avait qu'un mur assez mince entre le salon et la salle de bains. J'aurais pu compter chacune des claques qu'elle encaissait dès qu'elle essayait de négocier ma libération avec cette bande de fous.

Puis j'ai entendu distinctement la voix du petit copain de Mina lui ordonner :

« Donne-moi la clé !

— La porte est déjà fermée !

— Ouais… Mais donne-moi la clé, j'ai pas confiance. »

Ils avaient peur que je ne réussisse à m'enfuir avec son aide et que je ne leur crée des problèmes, puisque j'avais été témoin du fait qu'ils possédaient des armes.

Cette fois, je n'avais vraiment plus d'issue possible. J'avais bien imaginé à la faveur de la nuit de me glisser en douce vers la porte pour tenter de l'ouvrir, c'était fichu. J'étais en prison et condamnée à mort dans cette salle de bains. Une baignoire sabot minuscule, un lavabo, une serviette, du linge sale dans un coin, les toilettes et moi, couchée comme un chien devant la porte. J'attendais, guettant le silence espéré. Mais ils ont fait la foire toute la nuit sans interruption, l'aube se levait et ils ne cessaient de faire du bruit, boire et fumer, sans compter le reste qu'heureusement je ne voyais plus.

Et soudain la même voix masculine m'interpelle, le type cogne à la porte.

« Allez, vas-y, c'est bon, sors de là, t'inquiète pas, n'aie pas peur. »

Je ne réponds pas, mais dans ma tête je hurle : « Non… non… non !… »

J'ai eu des peurs dans ma vie, mais comme celle-là, jamais. À un moment donné, ils sont devenus réellement agressifs ; une autre voix, méchante, a gueulé :

« C'est bon, maintenant ! Sors de là, putain ! Qu'est-ce qui t'arrive ? Tu nous prends pour des cons ? »

Je me taisais toujours ; même lorsque Mina essayait encore de me convaincre, je n'ouvrais plus la bouche. Je me doutais que les autres l'y encourageaient. J'avais des flashs dans la tête, j'étais le témoin à abattre, j'avais vu les fusils, les joints, ils allaient me massacrer si je bougeais. Ma seule défense demeurait le silence obstiné. Je n'arrivais plus à réfléchir, à raisonner, je ne pensais qu'à une chose : « C'est fini pour toi, fais tes prières, c'est fini pour toi, t'es morte. »

C'était mon obsession, j'étais morte, quoi qu'il arrive. Qu'ils me violent, et ma vie était finie. Qu'ils m'agressent ou qu'ils me tuent simplement, d'une façon ou d'une autre j'étais finie.

Je me revois encore assise sur ces toilettes à pleurer, pleurer, pleurer. M'asperger le visage, et recommencer à pleurer. J'étouffais dans ce réduit sans fenêtre, de terreur, de larmes d'impuissance et de manque d'air.

J'ai passé la journée suivante dans cette salle de bains. J'avais tellement pleuré la nuit qu'au matin je suis tombée comme une masse. Puis, réveillée de nouveau, j'ai compris que la fête continuait et qu'ils étaient toujours défoncés. Une nuit, un jour, une autre nuit, obstinément cloîtrée, sans nourriture, et prête à mourir. Lentement je me paralysais, ma bouche ne pouvait plus articuler le moindre son. Même si les pompiers étaient arrivés derrière la porte, je n'aurais pas pu crier au secours.

Dans ce réduit, ce n'était plus moi, je n'étais pas là. Une autre était la victime de ce cauchemar. Et moi j'allais me réveiller forcément, car tout ça ne pouvait pas être vrai. Je m'insultais dans ma tête, bizarrement incapable d'ouvrir la bouche, comme si j'étais devenue muette de terreur.

« Pourquoi t'as fait ça ? T'es vraiment conne, t'es vraiment nulle, mon père a raison quand il me traite de conne et de bonne à rien… je suis une conne. »

J'arrêtais même de respirer pour ne pas faire de bruit. De l'autre côté, il y avait des assassins en puissance, avec leurs fusils. Une bande ivre de bière et de drogue depuis le jeudi soir.

Le samedi matin, épuisée, flageolante, j'ai tout de même décidé de tenter une sortie car je n'entendais plus un bruit dans le salon. J'en avais déduit qu'ils s'étaient enfin écroulés de fatigue. C'était le moment de tenter le tout pour le tout.

J'ai fait lentement glisser l'armoire, juste de quoi entrouvrir la porte, et jeté un œil prudent de l'autre côté. Effectivement ils dormaient tous, sauf Mina dans la petite cuisine. Elle m'a aperçue, et fait signe de ne pas bouger. Elle m'a rejointe sur la pointe des pieds, s'est glissée dans la salle de bains avec moi et a refermé doucement.

« Bouge pas d'ici, je vais aller chercher la clé. Je vais dire que je sors pour acheter un truc… »

Elle est ressortie de la même façon, a attendu que j'aie refermé puis je l'ai distinctement entendue s'adresser à son copain :

«Eh… réveille-toi un peu, donne-moi les clés ! Je vais chercher des croissants pour le petit déjeuner, y a rien à bouffer ici. »

Il a marmonné vaguement. Puis le silence est revenu. Alors j'ai rouvert la porte de ma prison, elle m'attendait devant l'entrée. Au premier tour de clé j'étais derrière elle, et j'ai filé, courant comme une malade dans ce couloir immense, en chaussettes. Je n'avais même pas eu le temps de récupérer mes chaussures, mon manteau, mon sac avec mes papiers, mon argent et mes vêtements de rechange. Le sac était dans le salon, je n'ai pas pris de risque. Elle est sortie en même temps que moi et m'a rattrapée devant l'ascenseur. Là, elle s'est mise à pleurer :

« Leila, je suis désolée, je ne voulais pas te foutre dans une merde pareille.

— Mais c'est ça ta vie ? Dis-moi ? C'est ça ta vie, Mina ? »

Elle n'a pas répondu. Ce n'était plus Mina des vacances au soleil, avec son copain d'origine marocaine, apparemment libérée de toute contrainte familiale. Elle avait cru en ce type et elle était tombée dans le piège d'un petit dealer dangereux et de sa bande de camés.

On s'est dit au revoir en bas de l'immeuble. Elle allait vraiment chercher des croissants pour cette bande de minables, et moi je ne savais pas où aller car je ne connaissais pas la ville. Je n'avais plus mes affaires, mon argent, mes papiers, mais j'avais sauvé ma peau. Je ne suis pas allée bien loin, le fait d'être à l'air libre me suffisait pour l'instant, alors je me suis assise sur un banc, non loin de l'immeuble. Il y avait du monde dans le quartier et, si jamais ils venaient me reprendre de force, je n'aurais qu'à hurler. Mais je regardais autour de moi, désemparée. Si seulement j'avais emmené mon carnet d'adresses en partant de chez moi, j'aurais pu téléphoner à d'autres copains que je connaissais sur place. Rachid ou ses cousines, Naïma et Mona. Rachid était un type bien; divorcé, il s'occupait régulièrement de son fils et il travaillait, j'aurais pu compter sur son aide. Je contemplais désespérément une cabine téléphonique à quelques mètres de moi. Non seulement je n'avais aucun numéro en tête, mais pas un centime ni une carte de téléphone.

J'étais là depuis dix minutes environ à m'énerver toute seule sur l'oubli de ce maudit carnet d'adresses et le regard vissé sur cette cabine, je marmonnais toute seule :

« Si seulement quelqu'un que je connais passait par là. T'es vraiment trop conne, ma pauvre fille, t'as aucune chance dans cette ville... Elle est immense cette ville... je suis paumée là-dedans... Aide-moi, mon Dieu... Fais que quelqu'un passe par là... »

Soudain, j'ai vu la silhouette d'un garçon entrer dans cette cabine téléphonique. Je n'en croyais pas mes yeux. Rachid ? Ce serait Rachid ? La honte si je me précipite sur ce garçon et que je tombe sur un inconnu... Mais si c'était bien lui et que je le laisse passer...

Je me suis approchée, j'ai tourné autour de la cabine, penché la tête, c'était Rachid ! J'avais une chance sur des millions de tomber sur une connaissance quelconque, et je tombe sur lui ! Merci, mon Dieu ! J'ai un ange gardien !

« Mais qu'est-ce que tu fais là ?

— J'étais chez Mina.

— T'as été chez qui ?

— Chez Mina.

— Mais t'es malade ! Pourquoi tu m'as pas appelé ?

— J'ai eu une histoire de fous...

69

— Chez elle, c'est pas étonnant. Prends tes cliques et tes claques et on y va.

— J'ai pas de cliques et de claques, toutes mes affaires sont restées là-haut.

— Monte dans ma voiture, tu m'attends là, j'y vais, je vais te récupérer tes affaires. Dis-moi ce qu'il y a... »

J'ai attendu quelques minutes seulement car il a fait vite. Les autres étaient fous de rage quand il est entré. Mais Rachid les connaissait de réputation dans le quartier. Il a annoncé tranquillement qu'il venait chercher les affaires de Leila.

« Comment elle a fait pour sortir ?

— Pourquoi ? Y a un problème ?

— Ouais, y avait une meuf qui était là, une Parigote. Mina lui a ouvert la porte, je lui ai mis une toise. Elle avait pas à la laisser filer...

— C'est ma cousine.

— C'est ta cousine ? Mina ! Pourquoi tu nous as pas dit que c'était sa cousine ! »

Le ton a changé aussitôt. Être la cousine d'un garçon connu et respecté dans le quartier, c'est être protégée. Personne n'y touche, ça ne se fait pas, sinon il y aurait des représailles. En qualité d'inconnue, j'étais seulement une « pétasse » dont on peut profiter et réellement en danger. Mina ne pouvait rien pour moi. Seul un homme prétendant être de ma famille pouvait régler la question. Toujours les hommes. La protection ne passe que par eux. Mais dans ce cas précis j'en étais bien contente. Rachid était aussi un copain de vacances, mais il n'avait rien à voir avec cette bande de fous, sauf qu'il était du quartier. Un quartier ghetto, un décor de tours alignées, identiques, monstrueuses, un dédale de rues sans âme dont je ne serais jamais sortie seule.

Mon quartier ne ressemblait en rien à ça. On ne peut pas le qualifier de ghetto.

Rachid a récupéré mes affaires, il m'a emmenée chez des amis à lui et m'a copieusement engueulée dans la voiture.

« T'es complètement inconsciente d'aller chez cette fille ! On les connaît, ceux-là ! Pourquoi tu ne m'as pas appelé ? Et qu'est-ce que tu fabriques ici ?

— Je suis venue en vacances, c'est tout. Je ne savais pas que Mina vivait comme ça...

— Maintenant tu sais ! »

Je me suis enfin retrouvée chez des gens normaux, à l'abri chez les sœurs de Rachid. Des filles sans problèmes vivant avec des copains sérieux. Toute la petite bande travaillait, des petits boulots sans grand avenir, mais ils s'en sortaient honnêtement. Avec mon plâtre, mes vacances supposées, ma sale mine et les larmes qui me guettaient sans arrêt, ils se sont bien rendu compte que je n'étais pas en vacances. Surtout Rachid, que je connais mieux. Au bout de deux semaines, il m'a regardée dans les yeux.

« Tu n'appelles pas tes parents ?

— Non, non, si, ne t'inquiète pas, je leur ai téléphoné.

— Leila, t'es pas en vacances ! Maintenant dis-moi la vérité. Qu'est-ce que tu foutais chez Mina ? C'est pas chez elle qu'on vient passer des vacances ! »

Je ne voulais pas avouer que j'avais choisi d'appeler Mina un peu au hasard, mais surtout parce qu'elle n'était pas d'origine marocaine et qu'ainsi personne de ma communauté ne saurait où j'étais.

Alors, je me suis mise à pleurer, ça évite de parler. Il n'a pas insisté.

« C'est bon, on n'en parle plus pour le moment, on va aller faire un tour tous ensemble, ça te changera les idées. »

Je n'avais plus d'appétit, je maigrissais. Si mes parents souffraient d'être sans nouvelles, je crois que je souffrais trois fois plus qu'eux. Je passais les trois quarts de mon temps à pleurer. Mes copains voyaient bien que ça n'allait pas, je ne pouvais plus leur cacher ma situation, le mot « fugueuse » était inscrit sur mon front. Comme je ne parlais toujours pas, ils ne m'ont pas lâchée. À tour de rôle ils me coinçaient :

« Leila, tu souffres, mais tes parents doivent souffrir aussi. Il faut absolument que tu leur téléphones. Qu'est-ce qu'il y a ?

— J'en ai marre, c'est tout.

— Et nous on en a marre de te voir pleurer. On fait tout ce qu'on peut et ça ne sert à rien. Il faut que tu leur téléphones.

— Pas maintenant… »

Alors Rachid et son copain m'ont descendue de force à la cabine téléphonique, m'ont donné une carte, et enfermée carrément à l'intérieur.

« Tant que tu n'appelleras pas tes parents pour les rassurer et pour te soulager, tu ne sortiras pas de là. »

Et je hurlais après eux. J'avais toujours peur de mes parents, davantage même car j'étais partie depuis plus de quinze jours, cette fois sans donner signe de vie. Qu'est-ce que je pouvais dire à mon père sans qu'il me maudisse ? À ma mère sans qu'elle me supplie de rentrer ?

D'un autre côté, je souffrais de leur donner des angoisses. J'avais cru partir loin en me réfugiant chez une Algérienne ! Pauvre de moi, la communauté était toujours là, présente, et mes copains savaient bien qu'une fille sans diplôme, sans refuge familial, même à dix-huit ans, est incapable de s'en sortir sans dégât. Je me sentais comme une mouche affolée prise au piège sous un bocal. Elle se débat, cherche à grimper vers une sortie illusoire au-dessus d'elle, glisse sur la paroi et retombe. Et dans cette cabine moi, la mouche, j'étais coincée.

Rachid et son frère ne voulaient que mon bien. Ils avaient raison, j'étais incapable comme tant d'autres filles de fuir la maison familiale. De plus, ils ignoraient mon histoire, car je ne parlais toujours pas. Et même si je m'étais confiée à eux, ils auraient probablement répondu : « Oui, t'as morflé, mais c'est pas grave… c'est quand même tes parents… »

Me contenter de hurler : « J'en ai marre », ce n'était pas une explication suffisante pour eux.

À treize ans aussi, je disais « j'en ai marre » après avoir tenté de me suicider. Je l'ai dit d'ailleurs des centaines de fois. Incapable d'aller plus loin.

Alors, sûrs de me rendre service, et ils l'avaient déjà fait en me protégeant, mes deux copains bloquaient la porte de la cabine, deux dos obstinés, deux murs, virant sans complexe les candidats qui se présentaient pour téléphoner :

« Occupé ! Va voir ailleurs… »

Ils m'ont laissée là près de trois heures. Je me suis assise par terre, ils se sont assis par terre de l'autre côté. Et au bout d'un moment j'étais prise entre le rire et les larmes.

« Ouvrez-moi la porte, soyez sympas…

— Non.

— Bon. Après tout, je suis bien là, j'ai deux gardes du corps, je ne risque rien.

— Ça, t'en sais rien, on peut te laisser là-dedans toute la nuit, bloquer la porte, et aller faire la fête ailleurs… Remarque, c'est mieux que la salle de bains de Mina, au moins t'as une vue sur l'extérieur… »

À force de me raconter des bêtises, de me faire passer du fou rire aux larmes, ils ont réussi à me faire décrocher le téléphone.

Je suffoquais d'angoisse. Qu'est-ce que je vais dire ? La seule chose qui me rassurait était la certitude qu'à cette heure-là mon père n'était pas à la maison.

Il n'y a pas de vie sans la famille, sans la tribu, les parents ou la protection d'un homme. En Europe, une Française, Suisse, Belge, blanche, de dix-huit ans qui se barre de chez ses parents a d'autres ressources, il y a des foyers d'accueil, il lui suffit d'aller voir les flics, de dire que son père ou que son frère lui tape dessus, elle a la possibilité de faire éclater une situation, sans trop de complexes. Chez nous, en tout cas dans la communauté marocaine, les filles n'envisagent pas une seule seconde de dénoncer la famille. C'est une honte incompréhensible pour d'autres que nous. Et elle nous ronge, on se traite de lâches, on se débat maladroitement, et finalement on subit parce qu'il n'y a aucun refuge ailleurs. J'en étais revenue à la case départ.

Je regardais ce téléphone bleu, insensible à ma panique, et je n'arrivais pas à le décrocher. J'ai essayé trois fois de faire le numéro. La première fois, j'ai laissé sonner une fois et j'ai raccroché. La deuxième fois, j'ai tenu deux sonneries avant de raccrocher. La troisième fois, j'ai entendu la voix de ma mère :

« Allô, allô, c'est toi, Leila ? »

Je suis restée figée. Elle avait tout de suite pensé à moi.

« Allô, Leila, je t'en supplie, ma fille, parle-moi. Dis-moi que c'est toi, dis-moi que tu es en vie. Leila ? »

Je pleurais et elle m'entendait sangloter. J'ai réussi à dire :

« Oui, maman, c'est moi.

— T'es où, t'es où ? Où que tu sois, on vient te chercher !

— Non, non, je te dirai pas, c'est pas la peine.

— Mais t'es où ? Dis-moi pour que je sois rassurée au moins !

— T'inquiète pas, tout va bien pour le moment, je suis dans une famille, ça va. »

J'ai raccroché très vite en promettant de rappeler.

Mes copains m'ont ouvert la porte, triomphants : ils avaient gagné. Et effectivement j'étais soulagée d'avoir rassuré ma mère. Mais je n'étais pas décidée à rentrer. Je devinais mon père furieux que je n'aie pas dit où j'étais, et imaginant je ne sais quoi de sordide à mon sujet – le sordide étant la présence éventuelle d'un homme à mes côtés, évidemment. Son autorité bafouée, je songeais aux mensonges qu'il avait dû faire pour expliquer mon absence dans le quartier sans mettre « son » honneur et « ma » réputation en danger. Cette culpabilité qui ne me quittait jamais, je la ressentais davantage encore loin de lui.

J'allais probablement rentrer de moi-même à la maison, comme un chien battu. Il m'ouvrirait la porte mais moralement me laisserait sur le paillasson.

Pas de psychologie, pas de tendresse, mais la tradition. Cette fichue tradition autoritaire qui cloue le bec aux rebelles. J'étais coupable de manque de respect, de fugue, de déshonneur, et Dieu sait quoi d'autre !

Je me sentais mal, bizarrement à la limite de l'hystérie. J'avais besoin de rire pour ne plus pleurer, et je riais trop fort, je parlais trop haut, à propos de rien. Les filles, me croyant soulagée, ont décidé de m'emmener faire la fête en ville. Une fête bien raisonnable qui consistait à sortir du quartier pour aller boire un Coca dans un café de la ville.

Il devait être dix heures du soir. Tout allait bien jusqu'au moment où, en passant devant la terrasse d'un café, j'ai aperçu d'abord une drôle de fille, vulgaire, maquillée, la jupe au ras des fesses, le buste presque nu. Je n'avais jamais vu de prostituées. Pour moi, c'était la planète Mars ! Mes copines n'étaient pas choquées pour autant :

« Laisse tomber, c'est le quartier des putes là-bas… »

Je ne sais pas pourquoi j'étais choquée à ce point. Mais avant que j'aie eu le temps d'en parler avec elles, un homme nous a doublées et au passage m'a tapé sur les fesses ! Même chose pour ma copine. J'ai hurlé ! Et je me suis mise aussitôt à trembler de tout mon corps pour finalement tomber dans les pommes. Je me suis réveillée à l'hôpital.

Le médecin m'a longuement questionnée. J'avais fait une hémorragie, mes règles s'étaient déclenchées d'un coup, et anormalement.

« Vous avez déjà eu des problèmes de ce genre ?

— Non…

— Ça va la vie ? Racontez-moi…

— Rien, je suis en vacances, j'ai rien à raconter.

— Vous savez que c'est nerveux ce genre de chose ? Vous êtes certaine que tout va bien ? Pas de stress ? Jamais de spasmophilie, d'épilepsie, de tétanie ?

— Non, non, absolument pas. Je vais très bien.

— Moi, je ne crois pas… Vous avez perdu du poids ? Beaucoup ?

— Non, non, pas trop. »

Je mentais, j'étais maigre comme un poulet du bled, je ne mangeais pas, je dormais mal, c'était probablement visible à l'œil nu d'un médecin, et on ne tombe pas dans les pommes parce qu'un imbécile vous a tapé sur les fesses ou qu'on a aperçu la première pute de sa vie…

Et pourtant… c'était mon cas. J'aurais fait un beau sujet d'étude pour un élève en psychiatrie.

Je n'ai pas sorti un mot, je n'en ai pas profité pour appeler enfin au secours. Rien. Quelque part tout au fond de moi, enfoui dans ma cervelle, je devinais que ce silence imposé sur ma vie chaotique – mon enfance traumatisante, les coups, le père – que ce silence m'empoisonnait la tête et que mon corps faisait ce qu'il pouvait pour crier au secours de temps en temps. Mais le temps n'était pas encore venu pour moi d'en faire l'analyse. Paradoxalement, je ne tenais debout en société que par ce silence sur mes malheurs. En parlant, je me serais effondrée.

Je ne faisais pas le lien entre la peur du viol, la hantise de la virginité, la vue d'une prostituée et l'insulte d'une tape sur les fesses ! Quelqu'un aurait voulu me l'expliquer, je lui aurais ri au nez. J'étais toujours capable de rire de mes mauvaises aventures. Sauf des plus graves que je taisais pour l'éternité. Hystérique, moi ? Oui et alors ?

« Tout va bien… je suis en vacances. »

Un beau sourire au médecin, un fou rire avec la copine, et la pirouette fonctionne. Mais je n'en pouvais plus, et j'avais peur qu'il ne m'arrive quelque chose de grave.

J'ai rappelé ma mère pour lui dire que je voulais rentrer mais que je n'avais plus un sou. Elle m'a demandé une adresse où envoyer de l'argent et je me suis retrouvée dans l'avion du retour, mortifiée par ce nouvel échec. Mes tentatives de liberté étaient vraiment minables.

Je pensais avoir connu l'enfer hors de chez moi, j'allais directement dans la gueule d'un autre en retrouvant le cercle de famille. J'ignore si c'est à ce moment-là que mon père a songé au mariage pour moi. L'idée lui est sûrement passée par la tête, encore fallait-il s'assurer que je sois toujours vierge. J'allais avoir dix-neuf ans dans l'année, j'avais déçu ses « ambitions » de comptabilité, je l'avais déçu en tout, il devait songer à se débarrasser de moi d'une manière ou d'une autre. Mais je n'imaginais pas de mariage arrangé, j'étais trop occupée à mal vivre, à souffrir, et en rentrant chez moi je retournais en taule, c'était déjà suffisant pour m'occuper l'esprit. Ma mère m'a serrée dans ses bras.

« Dieu merci, tu es saine et sauve. »

Mon père n'était pas encore rentré du travail. Mes frères étaient muets. J'ai compris que le chef de famille avait donné des consignes à mon sujet comme d'habitude : ne pas lui poser de questions. Ne pas lui parler.

Quand il est rentré, je lui ai dit bonjour, il ne m'a pas répondu. J'étais redevenue inexistante. Il me tuait quand il faisait ça. Je préférais qu'il me tape dessus plutôt que d'être ignorée. Il me faisait mal, il ne pouvait pas imaginer à quel point.

La phrase préférée de mon père à mon propos était :

« J'aurais préféré avoir cent garçons plutôt qu'une fille à élever. »

Je n'ai pas passé le BEP. Mais mon père n'a pas lâché prise, il voulait absolument que je le passe en candidate libre.

J'ai pensé : « Merde, je ne le passerai pas. » Et j'ai dit tout haut : « Oui, oui, je le passerai à la rentrée scolaire. Je me suis renseignée. Ne t'inquiète pas, les inscriptions sont au mois de septembre. » Je mitonnais encore une fois. On ment tout le temps, pour un peu de liberté. On est même prête à jurer sur le Coran. Que Dieu me pardonne, j'ai juré des milliers de fois. Je préférais mentir et jurer pour qu'on puisse me croire un tout petit peu, plutôt que de prendre une tannée.

J'avais donc promis de me présenter à l'examen. Et en même temps, je me sentais incapable de rester à la maison. Il me fallait un travail, quel qu'il soit. Même le plus nul serait ma bouffée d'air et grâce à cela je serais indépendante financièrement.

Alors je me suis inscrite dans des boîtes d'intérim. Je les harcelais au téléphone et j'y allais deux fois par jour de peur qu'on ne m'oublie. Parfois je téléphonais même avant qu'ils aient eu le temps d'allumer leur ordinateur. Je voulais être la première pour la première occasion.

Quitte à balayer quelque part, je ne supportais plus de rester chez moi. J'ai finalement trouvé un travail en usine, et à la chaîne. Rien de glorieux, mon père aurait voulu m'enfermer dans un bureau, c'était sa vision de la réussite ; moi je n'avais plus de vision, je me moquais bien de mon avenir, l'essentiel était de tenir le coup, de résister au quotidien envers et contre lui. J'apportais ainsi une rentrée d'argent non négligeable et qu'il ne pouvait pas refuser en attendant que je passe le BEP en candidate libre.

Coup de chance, on m'a proposé très vite de travailler de nuit, de vingt et une heures à cinq heures du matin, ce qui doublerait mon salaire. J'ai dit oui sur-le-champ. Mais comment faire accepter la chose à mes parents ? Une fille qui travaille la nuit !

J'ai commencé par ma mère :

« Je te préviens tout de suite, demain, je fais vingt et une heures-cinq heures du matin, sinon ils me virent ! »

Encore un mensonge.

« Mais ton père ne va pas vouloir !

— Soit je continue à travailler, soit je perds ma place et je la laisse à un autre. »

Mon père a renâclé, évidemment. Une fille ne circule pas seule la nuit !

« Tu m'emmènes le soir en voiture et tu viens me rechercher à cinq heures du matin ! Comme ça, tu verras bien que je travaille et que je ne vais pas traîner dans une boîte de nuit ! »

Or... il y avait justement une boîte de nuit dans ce quartier excentré, et je n'avais encore jamais mis les pieds dans ce genre d'endroit. J'en avais envie. Juste pour voir, et braver encore un interdit. Au début, mon père m'a scrupuleusement accompagnée et raccompagnée, mais je savais qu'il se lasserait un jour et que je pourrais mentir sur des heures supplémentaires pour me glisser au moins une ou deux fois dans ce lieu de « perdition » avec des copines.

Forcément, je dormais dans la journée. Ce qui n'empêchait personne de me charger de corvées à la maison. J'entendais crier, claquer les portes, mes frères entraient et sortaient de la chambre, ils ne respectaient absolument pas mon repos, ce qui me rendait folle par moments. Nous étions quatre par pièce, trois frères dans la « mienne », donc impossible de s'isoler; je subissais cette proximité depuis mon enfance, mais elle devenait de plus en plus insupportable. J'ai tant rêvé d'avoir ne serait-ce qu'un cagibi pour moi seule. À dix-neuf ans, la plupart des filles de mon âge avaient leur chambre, leur commode personnelle, leur intimité, même relative.

J'ai toujours subi l'intrusion. On fouillait mon cartable, mon sac, ma tête, et maintenant on ne se souciait pas de mon sommeil.

Alors, même réveillée, je faisais semblant de dormir. Je me couchais à six heures du matin, ils se levaient à sept heures pour l'école, et à dix heures le week-end, je pouvais espérer me reposer ensuite. Le pire, c'était le week-end et les vacances. Je travaillais aussi le week-end en heures supplémentaires, pour gagner davantage, mais surtout être le moins possible à la maison. Pendant la période collège ou lycée, mon emploi du temps scolaire était clair pour mes parents, mais je mentais : parfois je n'avais pas cours l'après-midi, et l'emploi du temps réel n'était

80

pas aussi réglé que sur le papier. Je grignotais ainsi des espaces de liberté.

Maintenant, je mentais aussi sur mon salaire. J'en donnais une partie à mon père, mais je ne lui disais pas exactement ce que je gagnais. Je cachais soigneusement mes fiches de paie, dans mon casier à l'usine. Par contre, comme j'avais forcément un compte bancaire, mon père gardait ma carte bleue à la maison.

« Tu n'as pas besoin de ta carte pour aller travailler ! »

Il avait mon code et, dès qu'il avait besoin d'argent, il s'en servait ; mon frère aîné également. Il s'est même servi de ma carte sans prévenir pour offrir un cadeau à une copine !

À force de travailler comme une acharnée, je gagnais douze mille francs par mois, mais malgré tous mes efforts je n'ai jamais réussi à mettre mille francs de côté. J'aurais pu passer le permis de conduire et me débrouiller pour avoir une petite voiture, mais elle n'aurait jamais été à moi seule. Les frères en auraient profité immédiatement. J'ai abandonné l'idée.

J'approchais des vingt ans. Je continuais à vivre ma vie tranquillement en apparence, et j'ai réussi enfin à sortir en discothèque avec mon amie Souria, grâce à l'aide d'un copain, de ceux que l'on appelle « grands frères ».

Nous pouvions lui faire confiance pour nous accompagner : du moment que nous n'étions pas ses sœurs, il se fichait pas mal du reste !

J'ai trouvé ça nul. Le bruit dans les oreilles, la fumée de cigarette, la plupart des gens bourrés. Cette ambiance ne m'a pas plu. J'étais déçue et mal à l'aise. Nous sommes restées assises, comme deux paysannes débarquées de leur campagne, à observer la faune de la nuit. Souria est belle, blonde, le teint clair : elle n'a rien en apparence d'une fille d'origine maghrébine et je lui dis toujours qu'elle a de la chance, car son physique lui permet de s'évader plus facilement en ville. Ceux qui ne la connaissent pas la prennent pour une «Gauloise» et lui fichent la paix. Elle s'est quand même fait draguer ce soir-là, ce qui nous a bien fait rire.

Je n'ai pas dansé, incapable de me sentir le point de mire du regard des autres. Souria non plus. Nous avions plutôt le sentiment d'être dans un zoo où s'agitaient des animaux inconnus et sauvages. Mais nous y étions ! Nous l'avions fait !

Sur le trajet du retour, je craignais encore qu'il n'arrive quelque chose, un accident, et que la police ne prévienne mes parents...

C'était arrivé à une copine étudiante, en pension loin de chez elle. Elle avait prétendu avoir des partiels à réviser et ne pas pouvoir rentrer à la maison un week-end de ramadan. Ce soir-là, elle avait décidé d'aller en boîte et c'était la nuit du destin. Un accident de voiture, et elle est morte sur la route. Je pensais à elle en silence : si je ne mourais pas comme elle dans un accident, si je m'en sortais ? Comment me justifier ?

C'était l'aventure, le parcours du combattant et les mensonges en permanence. Souria avait décidé par exemple de se faire percer les oreilles en même temps que moi.

Pour la famille, un trou à l'oreille c'est tradition-nel : toutes les petites filles d'origine maghrébine portent des boucles d'oreilles presque à la nais-sance ! Mais l'aventure était cette fois d'en avoir deux de plus. Pour porter trois boucles d'oreilles. On en a parlé pendant quinze jours avant de se décider. Trois trous, c'est du piercing... donc réservé aux mauvaises filles, comme la cigarette et les disco-thèques.

Finalement, notre décision était prise. Individuellement nous ne l'aurions pas fait. Une fois chez le perceur d'oreilles, nous nous jurons mutuellement de ne pas nous lâcher.

« Tu ne te sauveras pas ?

— C'est juré ! Sur ma tête, sur le Coran ! »

Le deuxième trou était déjà insupportable, le troisième une horreur. On est sorties de là les oreilles brûlantes, toutes rouges, mais prises de fou rire nerveux. Je savais que j'allais me faire éclater si mon père s'en apercevait. Souria hoquetait :

« Tu sais qu'on va se prendre une gueule et tu rigoles !

— Qu'est-ce que tu veux que je fasse ? Que je pleure avant de la prendre ? On a fait une connerie, il faut qu'on assume et qu'on aille jusqu'au bout. »

Assises sur un banc, les oreilles en feu, on regardait les gens passer, en plein milieu du quartier, en nous tordant de rire.

« Regarde-le, il se croit beau, le mec, on dirait un blédard… »

C'était grave, cette provocation façon piercing, et j'avais peur, mais chaque fois que j'avais peur, je piquais des crises de fou rire que je communiquais aux autres, et Souria aussi. Un défoulement nécessaire à nos existences étriquées.

Mais il fallait bien rentrer chez soi. Et là, on riait moins toutes les deux, même si la plaisanterie était toujours de mise.

« Souria, adieu, on se revoit dans l'autre monde, peut-être là-haut… »

J'ai tenu plus longtemps qu'elle à cacher mes oreilles. J'ai mis un foulard, ce que je ne faisais jamais d'habitude. Ma mère n'a pas posé de question, elle a pensé que je l'imitais tout simplement. Souria, elle, s'est fait griller par sa mère au bout de deux jours! Elle s'est fait tirer les cheveux, et a pris une tannée à coups de pied.

« À quoi tu ressembles? Qu'est-ce que ça veut dire, avoir trois trous? Tu devrais en mettre carrément jusque dans le nez! »

Elle l'a traitée de pute, évidemment. Et Souria m'a téléphoné pour me raconter.

Et elle est tombée sur ma mère. Dans ces cas-là, ce que nous appelions entre nous « le protocole » est très important à respecter, il ne faut surtout pas froisser la mère de la copine, au risque d'être interdites de se voir. Les salutations préliminaires sont très importantes :

« Allô? Ça va? Les enfants, ça va?... La santé, ça va? Et la grand-mère au bled, ça va? Passe-lui le bonjour, et à tes frères, et à toute la famille... – les discours habituels avant que ma mère enfin me passe l'appareil.

« Alors tu t'es pas encore fait griller! Jure-moi sur la tête de ta mère que tu t'es pas fait griller! Comment t'as fait?

— J'ai un foulard sur la tête.

— T'as mis un foulard sur la tête! »

Elle n'y avait pas pensé. Or il fallait garder les boutons d'oreilles au moins un mois pour la cicatrisation.

Et un jour, finalement, je me suis fait griller aussi. Je ne mettais plus le foulard, je me contentais de laisser mes cheveux servir de cache-oreilles. J'étais en train de servir à table. Mon père m'a regardée.

« Qu'est-ce que t'as aux oreilles?

— Rien...

— Relève tes cheveux. »

Ma mère a poussé de hauts cris, mais, bizarrement, je n'ai pas pris de coups cette fois-là.

« Mais, ma pauvre fille, t'es désespérante. »

Je rapportais ma paie à la maison, je payais le loyer, je n'hésitais jamais à leur donner de l'argent supplémentaire. J'achetais ma paix, et si j'avais encore droit aux gifles, les coups se faisaient rares, et le manche à balai restait dans le placard.

Souria, elle, s'est pris une vraie «gueule», comme dans l'adolescence. Elle se faisait même frapper par ses sœurs, des filles modèles qui ne se montraient même pas sur le balcon et sont restées blanches comme neige jusqu'au mariage. Elles ne comprenaient pas du tout pourquoi Souria était si différente du reste de leur famille.

De mon côté, je m'habillais de façon à passer incognito, je ne me maquillais pas trop, c'était toujours très discret. Souria était l'opposé de moi. Grande, mince, blonde aux yeux bleus, toujours maquillée. Des jeans moulants. Elle était très jolie, coquette, ce qui lui valait une vie d'enfer sous le toit familial, mais une grande liberté de mouvement à l'extérieur.

À cette époque, nous étions trois copines du même âge, inséparables. Leila, Souria et Nadia.

Nadia s'est barrée de chez elle du jour au lendemain. Ses parents étaient «hadj», ils avaient fait le voyage à La Mecque. Elle était issue d'une famille de quatre garçons et trois filles. La première s'est soumise, mariée de force avec un gars du bled, et aujourd'hui elle est voilée. Ses parents avaient trouvé une photo d'elle à la piscine, en maillot de bain, une «honte» qui a déclenché le mariage. La deuxième fille fréquentait un garçon. Ils s'aimaient au grand jour et voulaient se marier. Mais conflit entre les parents! La mère du garçon disait à la mère de la fille:

«Mon fils ne prendra jamais ta fille, parce que c'est une pute, elle ne se cache pas avec lui!»

Et la mère de la fille rétorquait:

« Ton fils est déjà passé dessus, il est hors de question qu'il l'épouse ! »

Nadia a disparu dans la nature. Je l'ai revue un jour, elle a gagné sa liberté, mais à quel prix ! Elle ne s'est pas mariée et elle a un enfant, elle a brisé tout lien avec sa famille.

Nous en parlions souvent, de ces histoires de mariage forcé, entre nous :

« T'as vu, Khadîdja s'est mariée avec un mec du bled qu'elle ne connaît pas ! Elle qui disait qu'elle se marierait jamais avec un gars du Maroc, finalement elle est tombée dedans !

— Moi, en tout cas, c'est clair, jamais, jamais, jamais !

— Tu imagines ? Faire l'amour avec un type inconnu, toi qui gardes ta virginité comme une malade !

— Moi, c'est niet d'office... Je me barre ou j'en mourrais ! »

On en parlait comme des gamines. Avec nous, les mariages forcés tournaient au ridicule des *Feux de l'amour*, comme à la télé. C'était notre façon de détourner la réalité en se montant le bourrichon mutuellement.

L'été est arrivé. Je ne pouvais pas aller en vacances car je travaillais tout le mois. J'ai donné de l'argent pour le voyage, mon père étant à sec, mais je ne restais pas toute seule à la maison. Deux frères en caution ! L'aîné qui vit toujours à la maison et celui qui a servi longtemps de « caméra » de surveillance pour mes parents, et me coinçait régulièrement :

« Souffle-moi au visage ! T'as clopé ! »

Un jour, je l'ai surpris en train de fumer dans les toilettes, lui qui prétendait toujours être clair comme de l'eau de roche. Il avait même pris goût aux joints. Mais devant mes parents, c'était le frère nickel.

« Alors ? Tu me souffles au visage maintenant ?

— Oui, je fume la cigarette, et alors ?

— Alors rien ! Je te signale une chose : pour une fois que je peux me le permettre, je monte sur la terrasse fumer une cigarette et, si tu ouvres ta gueule, je te jure que, si je suis morte, tu seras mort avec moi ! »

Depuis, nous étions devenus complices. Il est même venu en boîte avec moi cette année-là. J'ai profité de ce dernier été de liberté pour exister un peu. J'étais le kamikaze de la famille, il fallait que j'expérimente au maximum, j'avais besoin de vivre à fond. Cela dit, pour une jeune fille « gauloise » de mon âge, c'était peu : trois trous dans les oreilles, une virée pour aller voir la mer, une demi-douzaine de soirées en boîte où je n'ai ni flirté ni dansé, et un tour à la fête foraine, laquelle faisait également partie des interdits paternels. Or j'adorais le grand huit ! J'y éprouvais une sensation de liberté totale, je planais ! Pourquoi nous interdire les manèges ? Mystère.

Des vacances sans les parents sur le dos, même si je travaillais, j'en profitais comme si je vivais les derniers jours de ma vie. La commande de la télévision rien que pour moi… c'était ça aussi la liberté. La seule fois où j'avais pu regarder la télévision toute seule, c'était le jour du tajine brûlé…

Le vent de la liberté m'enivrait. Je suis allée jusqu'à vouloir me faire couper les cheveux ! Souria était méfiante :

« T'as pas peur ?

— Je me prendrai une gueule, mais ce qui est fait… je ne pourrai pas les recoller ! »

Je me suis même offert un coiffeur de luxe et j'ai payé une petite fortune. Je ne me reconnaissais plus. Cheveux mi-longs, lissés, j'avais l'air d'une vraie fille tout à coup.

Mais au retour des parents, j'ai pris une toise de mon père et ma mère m'a tiré les cheveux en hurlant au scandale.

En général, il faut éviter traditionnellement que les cheveux soient lâchés, donc même coupés je les attachais. On voit des filles aux cheveux courts dans les quartiers, mais les mères les méprisent :

« Regarde-moi celle-là, elle ressemble à un homme ! »

La chevelure représente la femme, et le corps de la femme est en lui-même un délit… Je n'ai jamais porté le foulard – sauf pour dissimuler mes trous d'oreilles ! – et je ne comprends pas ces filles qui le portent maintenant, alors que leurs mères ne le mettaient pas ou plus. Tout est paradoxe. Il faut avoir des cheveux longs, mais les attacher ou les dissimuler ! Et lorsqu'on les coupe, il faudrait encore respecter une longueur réglementaire. Si j'ai laissé finalement repousser les miens, ce n'était sûrement pas par obéissance, mais parce qu'il fallait payer le coiffeur trop souvent !

Tout semblait aller bien cet été de mes vingt ans, mais, bizarrement, je disais à Souria :

« J'ai un mauvais pressentiment.

— Pressentiment de quoi ? »

Je ne savais pas de quoi, honnêtement. C'était une sensation indéfinissable. Peut-être le fait de me savoir en liberté provisoire, et qu'au retour des parents ce ne serait plus pareil. J'avais vingt ans… un travail, je ne songeais sûrement pas à me marier, personne n'en parlait, et de toute façon, promis juré, je ne me laisserais jamais avoir !

Un jour, mon père a appelé du Maroc pour donner des nouvelles :

« Je te passe ta mère. »

Et, une fois le protocole épuisé sur les nouvelles de toute la famille :

« Leila, ma fille ! Tu ne devineras jamais qui est venu à la maison ?

— J'en sais rien. De toute façon, dès que vous arrivez, c'est le débarquement, ils vivent "gratos" pendant un mois.

— Ton oncle est venu ! Avec ton cousin aussi.

— Quel cousin ?

— Abdel !

— Ah, c'est bien… »

Je ne le connaissais pas plus que ça et m'en fichais royalement.

« Mais il n'est pas venu tout seul.

— Ah…

— Il est venu avec un ami à lui qui est en Espagne. Moussa.

— Oui, et alors ?

— Il est bien ce garçon… »

Je ne vois toujours pas le coup venir.

« Tu sais, Leila, tu es en âge de te marier. Tu as pas mal de prétendants qui viennent pour demander ta main.

— Écoute, maman, je t'arrête tout de suite ! Les prétendants qui se pointent alors que je ne suis pas là, et que je n'ai jamais vus, non ! Pas pour moi. En plus je suis trop jeune, je commence seulement à travailler, je n'ai pas de situation stable. C'est niet !

— Oui… oui, d'accord… d'accord. »

Il se tramait pas mal de choses là-bas que j'ignorais complètement. Mais curieusement je n'ai pas associé mon pressentiment à cette conversation. Je n'imaginais pas que mes parents iraient jusque-là. J'étais française, née en France, j'avais désormais ma carte d'identité nationale ; majeure depuis deux ans, je travaillais, j'espérais avoir un jour le courage de trouver un studio pour y vivre seule, pas très loin de ma famille, mais seule.

Or justement je représentais la proie idéale sur le marché des célibataires marocains rêvant de s'installer en France. Un marché dont je n'avais pas encore saisi l'ampleur. Une véritable organisation parfaitement légale.

Cette fois, je n'étais plus la mouche coincée sous un verre, la mouche était prise dans une toile d'araignée infernale.

Les histoires d'amour finissent...

Ma mère a commencé à m'emmener assister aux cérémonies de mariage vers l'âge de quinze ans, avec les consignes habituelles :

« Je te préviens, t'as pas intérêt à bouger de ta chaise, tu restes à côté de moi, je veux pas que tu danses, je veux pas de ceci, je veux pas de cela... »

Les cérémonies de mariage sont l'occasion de faire le compte des filles à marier.

Tout se passe entre les mères et les belles-mères. Les pères, en général, sont de l'autre côté d'un rideau, gardant toujours les yeux sur la piste, pour les commentaires d'importance :

« Regarde celle-là ! Depuis le début de la soirée, elle est sur la piste, elle essaie de se montrer ! »

« Regarde la fille de Moulay, elle reste tranquillement avec sa mère... »

C'est le catalogue gratuit. D'un côté les mauvaises filles, de l'autre côté les bonnes à épouser.

J'aurais pu faire la mauvaise et me « montrer », comme ils disent, pour éviter qu'on ne me colle en mariage à n'importe qui. Si je m'étais méfiée...

Mais d'une part j'aurais pris des coups, et d'autre part je ne me méfiais pas. Sans compter que me « montrer » n'est pas mon tempérament. Je faisais la folle en cachette avec les copines, mais en société j'étais du genre timide et réservé.

C'est beau un mariage marocain. C'est magnifique, mais il y a aussi parfois l'envers du décor. Les tractations se passent essentiellement entre les femmes. Il y a des marieuses plus ou moins repérables – tantes, ou vagues cousines, des sortes d'intermédiaires. Si au bled un garçon cherche à se marier, parce qu'il a besoin de papiers et qu'il n'a pas de contact direct avec les familles en France, il s'adressera à une intermédiaire de ce genre pour lui trouver sur place une fille de bonne famille.

Dans les mariages, Souria, toujours insouciante, faisait plus attention aux garçons que moi. Elle aurait voulu me trouver un petit copain comme le sien.

« Je te jure, y a du "matos"…

— Tant mieux pour toi.

— Arrête ! Pense un peu à toi.

— Je suis pas là pour ça, j'ai pas envie. »

Un ami de mon frère m'a interpellée. Ma mère le connaissait, je pouvais donc m'arrêter deux minutes pour discuter avec lui sans faire l'objet d'une mauvaise note. Un autre garçon est venu se mêler à la conversation. Belle allure, mais je ne l'avais jamais vu. Par principe, il ne faut pas parler aux garçons inconnus de la famille.

Ma mère regardait déjà de mon côté. Je m'efforçais de ne m'adresser qu'à mon copain, la tête résolument tournée vers lui. Mais l'autre insistait :

« Alors, comme ça, tu travailles de nuit ?

— Oui.

— Et ta famille accepte que tu travailles de nuit ?

— Pour le moment, oui, ça gagne plus et comme ça je suis tranquille, ça me permet d'avoir ma journée…

— Tu n'es pas mariée ?

— Non, non, je ne suis pas mariée. »

Cette fois je sentais que ma mère me fusillait du regard, j'ai écourté l'entretien.

« Ravi de t'avoir rencontrée. Je m'appelle Kader.

— Je m'appelle Leila. »

Cette façon de s'adresser directement à moi, en pleine réception, me posait un gros problème.

Lorsque les parents ou la communauté sont présents, il faut baisser les yeux et filer. J'aurais dû le planter là et ne pas répondre. Les filles dans la cuisine me regardaient déjà. De plus, j'avais parlé à deux garçons en même temps, et ma « réputation » commençait à sentir le vinaigre sous prétexte que je fumais la cigarette. Je frisais plus que l'impertinence.

Le copain de mon frère cherchait à me rassurer : « T'inquiète pas, c'est mon cousin. »

Et à Kader :

« C'est la sœur d'un très bon ami à moi, c'est une très bonne famille. »

Il faut toujours préciser l'origine, la famille, l'étiquette, la marque de fabrique. Une « bonne famille », on le dit d'emblée. Traduction : « À épouser ».

Sinon, on ne dit rien du tout, code silencieux. Traduction : « Ne pense pas à quelque chose de sérieux. » Sous-titre éventuel : « À toi de voir »…

Abdou m'aimait bien, il me respectait en qualité de sœur de son meilleur copain. Il savait aussi que j'avais une grande gueule mais que je ne « fréquentais » pas.

J'étais sage sans le vouloir. Quand je repoussais les garçons, ce n'était pas pour donner raison à mes parents. C'est moi qui ne voulais pas me mettre dans une situation susceptible de me créer plus de problèmes que je n'en avais déjà. Pour ma virginité, c'était le seul moyen de la préserver. J'avais trop peur de tomber amoureuse de quelqu'un, de me lâcher complètement et de tout lui donner, au risque que ça finisse mal. Si j'en arrivais à ce stade-là, mes parents auraient gagné : effectivement, je serais une pute. Et enfin je n'étais pas prête. Mon enfance ne m'avait pas permis d'évoluer. Je me méfiais systématiquement de tous les garçons, pour moi ils étaient tous pareils... c'est-à-dire lâches et dangereux.

Je m'interdisais donc de tomber amoureuse. Je n'étais ni à marier ni à fréquenter.

Abdou jouait la situation normalement pour que son cousin sache à qui il parlait. J'ai filé en vitesse, mais ma mère m'a interpellée :

« Leila ! T'étais avec qui là-bas ?

— J'étais avec Abdou ! Tu le connais !

— Oui, mais l'autre, c'était qui ?

— Son cousin. Je parlais à Abdou, maman, pas à l'autre. »

Elle me regardait d'un air méfiant.

« Va t'asseoir et évite de bouger. »

Dans les mariages, il faut s'asseoir et attendre que ça passe.

Je vais donc m'asseoir, j'observe cette fille promise au garçon à qui elle va offrir « les papiers ». Tout le monde le sait. Ce doit être le quatrième mariage de ce genre auquel j'assiste. Une sorte de formalité un peu triste tout de même. Heureusement il y a les autres, les mariages heureux. Mais je ne suis pas certaine que la proportion soit en leur faveur.

Kader s'était installé en face de moi et je l'ignorais ostensiblement malgré les coups de coude de Souria.

« C'est le plus beau mec de la soirée, et il est pour toi. Je te jure ! Il n'arrête pas de te regarder. »

La beauté du « mec » ne m'intéressait pas. Pourtant, toutes les filles avaient les yeux sur lui.

C'était assez inconfortable de maintenir une attitude indifférente. Je ne voulais surtout pas croiser son regard, il ne fallait pas qu'il imagine que je m'intéressais à lui.

Je n'arrive pas à comprendre vraiment pourquoi j'étais tellement intransigeante. D'un côté, je rêvais de rencontrer quelqu'un dont je serais éperdument amoureuse, et je m'accrochais à cet espoir. J'attendais que, par un miracle, un homme apparaisse devant moi et que je n'arrive plus à me contrôler. D'un autre côté, je m'astreignais à conserver vis-à-vis des garçons une froideur agressive. Kader a été malin.

Mon père étant parti, il ne restait qu'Abdou digne de nous raccompagner. Ma mère m'a donc envoyée le chercher, mais il m'a répondu gentiment :

« Je dois ramener ma mère et mes sœurs. Vous attendez dix minutes, un quart d'heure, et je reviens ! »

C'est là que Kader a sauté sur l'occasion pour se proposer comme chauffeur. Je suis allée rendre compte à ma mère de la proposition. Et Abdou en a rajouté :

« Ne t'inquiète pas, c'est mon cousin, il va vous ramener à la maison. »

Je n'étais pas étonnée que ma mère accepte : en qualité de « cousin du meilleur ami du frère aîné… » Kader avait droit au respect total.

Il a repéré ainsi où j'habitais. Et quelques jours plus tard, au marché, Abdou m'interpellait :

« Leila, Leila, il faut que je te parle, ça fait un moment que je te cherche. Mon cousin Kader a craqué sur toi. Je ne devrais pas te dire ça, mais il veut absolument te rencontrer ! »

J'étais sidérée.

« Abdou, qu'est-ce que tu me fais ? Tu as le culot de me dire que ton cousin a craqué sur moi. C'est quoi ce délire ? Pour qui il me prend ?

— Attends ! Je lui ai bien dit que tu étais une fille de bonne famille, il va te respecter !

— On verra. »

Il me donne son numéro de téléphone et me dit :

« Appelle-le. »

Souria était aux anges.

« Qu'est-ce que tu comptes faire ?

95

— Je l'appellerai pas.

— T'appelleras pas ? Et pourquoi tu n'appelleras pas ? T'as vu le gars ? Il a une situation, il est mignon. Leila, ça te coûte quoi d'aller boire un café avec ce gars-là ? Boire un café, ça ne veut pas dire qu'il va te sauter dessus et t'embrasser direct !

— Les mecs, j'ai pas confiance en eux. Tu sais ce que ça veut dire confiance ? Toi, à trop jouer à ça, tu vas tomber dans un piège et tu auras du mal à t'en sortir.

— Arrête ! T'as peur ! »

Alors elle a réussi à me convaincre.

Je voulais bien tenter l'aventure, mais pour elle, pour lui prouver que je n'avais pas peur d'une part et en espérant qu'il se passe quelque chose, un geste, n'importe quoi qui me permette d'envoyer le prétendant sur les roses d'autre part. Histoire de clouer le bec à ma copine : « Voilà, j'avais raison, c'est un connard. »

Le lendemain, je n'ai donc pas appelé. C'est lui qui l'a fait. Il avait tellement embêté son cousin que l'autre lui avait donné mon numéro assorti du protocole à respecter s'il tombait sur ma mère.

« Bonjour, madame, Société X au téléphone, j'aurais souhaité parler à notre intérimaire, Mlle Leila Z. »

Quand ma mère m'a passé l'appareil, j'ai entendu tout d'une traite :

« Bonjour, c'est Kader… j'aurais aimé te voir. Est-ce qu'on peut aller boire un café ? »

Après un temps de silence, et m'être assurée que ma mère était occupée sur le palier avec la voisine, j'ai prétendu qu'il était trop tard, que j'allais partir travailler…

« Attends, arrête, s'il te plaît, à d'autres ! Tu commences à neuf heures ; il est trois heures de l'après-midi, tu vas pas me dire qu'il te faut tout ce temps ?

— Il me faut le temps d'émerger, j'ai encore envie de dormir… on s'est couché tard…

— De toute façon, je sais où tu habites, si tu ne veux pas que je débarque et que je t'attende en bas de chez toi, dis-moi oui ! »

J'ai accepté finalement de le rejoindre en zone neutre. Un endroit fréquenté par des Français, visiblement blancs et gaulois…

Mais j'y suis allée habillée comme une pouilleuse pour le dégoûter. Une espèce de vieux jogging, des vieilles baskets, un vieux pull et pas de maquillage, les yeux cernés par le manque de sommeil, la tête en vrac, histoire de lui dire d'avance : « C'est ça que tu voulais voir ? Inutile de te déranger… »

Toujours cette volonté acharnée de me dévaloriser, ce dégoût maladif de moi-même, alors que ce garçon était charmant, que je n'avais aucune raison de ne pas le rencontrer. Ma vie amoureuse a été fichue à cause de cette attitude destructrice.

Je me disais : « Il va se barrer, ou alors il va commettre un geste irréparable, dire quelque chose qui me permettra de lui claquer la figure et de m'en sortir indemne. »

J'étais incapable de regarder un homme en face, sans me sentir en danger.

Hélas, il s'est bien comporté. Je n'avais rien à redire, pas le moindre dérapage. La conversation a tourné autour du travail, jusqu'au moment où il a osé :

« Si un jour tu te maries, tu feras comment ? Il n'y a pas beaucoup d'hommes qui accepteraient qu'une femme travaille la nuit…

— Mais toi, tu l'accepterais ?

— Non. Je n'aimerais pas me retrouver seul le soir. Pareil pour elle qui se retrouverait seule dans la journée… En général, ça finit par un divorce.

— De toute façon, je suis bien comme je suis. Je n'ai pas besoin d'un mari. »

De fil en aiguille je me suis surprise à discuter avec lui. J'aimais sa façon de penser sur les femmes. Pour lui, c'était important de les respecter parce que, si les femmes n'étaient pas là, le monde tournerait mal...

C'était le premier garçon qui me parlait comme ça. Au moment de se dire au revoir, je le guettais encore un peu... *Si jamais il tente quelque chose, je l'aligne.* Mais non, il n'a rien tenté du tout, il a seulement dit : « À très, *très* bientôt, j'espère ? » En appuyant sur le « très ».

Au bout d'une dizaine de rendez-vous, il était toujours correct, toujours à l'heure, toujours disponible, aimable et beau. Nous avons vécu notre amourette en nous baladant dans les parcs. C'était bien. Une petite histoire d'amour sage et tranquille. Nous nous donnions rendez-vous en bas de chez mon amie Souria, et le soir j'arrivais à me débrouiller pour le voir un moment, ou même dîner ensemble. Lui, il voyait déjà plus loin.

« Tu te rends compte ? Dans quelque temps... imagine-nous, tous les deux dans ma voiture, avec nos deux enfants, partir en vacances au Maroc. »

Je n'arrivais pas à me projeter dans l'avenir. L'idée d'avoir un mari et des enfants me donnait une trouille bleue.

« Attends, attends, doucement, tu me vois déjà avec des gamins ? Si ça se trouve, ça ne marchera pas entre nous.

— Pourquoi t'es toujours négative ? »

Mon cœur battait plus vite quand j'étais avec lui, et il y avait toujours ce risque de craquer et de faire une bêtise. Alors j'étais dure avec lui. Une seule fois il a failli rater un rendez-vous.

« Je ne peux pas te rejoindre, ma mère a besoin de moi... »

J'ai piqué une colère démesurée. Je voulais le pousser dans ses extrêmes limites, avoir une certitude absolue de son attachement. Et le dominer aussi.

«Écoute, c'est simple, je ne peux pas rester plus longtemps chez Souria, ses parents vont débarquer et se demander ce que je fais là! Alors, si tu n'es pas en bas de chez elle à l'heure dite, tu cherches quelqu'un d'autre. C'est fini.»

Et j'ai raccroché.

Souria est restée bouche bée. À son avis j'étais stupide. Je me comportais comme une adolescente capricieuse, et intérieurement je n'étais pas bien, même si j'affirmais à Souria que je me fichais complètement qu'il vienne ou pas. Je prenais l'amour comme une guerre de tranchées dont je devais sortir vainqueur.

Mais je ne tournais plus les choses en dérision, comme un clown qui se fout de sa propre misère. Ce soir-là, je guettais anxieusement par la grande fenêtre qui donnait sur le parking de nos rendez-vous. Intérieurement je priais: «Mon Dieu, faites qu'il vienne, ça me clouerait le bec.»

Une voiture a klaxonné, et mon cœur s'est mis à battre. Souria m'a dit:

«Vas-y!

— Mais non, ce n'est sûrement pas lui! Il ne va pas se taper cinquante kilomètres, laisser sa mère en plan, pour venir me voir moi!»

Mais c'était bien lui. Alors j'ai bondi vers la porte, tandis que Souria me criait:

«Pauvre andouille! Tu vois bien que t'es amoureuse!»

Je refusais de l'être, je voulais garder l'impression de jouer à un jeu, et d'avoir gagné une bataille sur les hommes en général en contraignant celui-là à m'obéir.

Je me suis rendu compte plus tard à quel point les histoires d'amour entre filles et garçons arabes d'origine étaient faussées par le mensonge permanent. Ces rencontres secrètes, dissimulées aux parents, l'utilisation de combines qui ne tiennent que par la complicité des copains ou des copines, du cousin qui est au courant mais ne dira rien puisqu'il ne s'agit pas de sa sœur. Nous reconstituons dans les quartiers une sorte de village arabe des temps anciens, où les relations entre les êtres passent par un véritable labyrinthe de cachotteries, de non-dits. Tout cela aboutit à un manque de sincérité total sur soi-même. Qui je suis ?… Qu'est-ce que je cherche ?… Où est mon identité propre ? J'appartiens à un père qui ne m'aime pas, comment serais-je capable d'aimer moi-même et surtout de me l'avouer ? Dans une société qui proscrit l'instinct de l'amour, comment contrôler cet instinct sans se noyer dans un océan de frustration ?

Certaines de mes copines gauloises comprennent tout cela parce qu'elles ont grandi avec nous. Mais d'autres ont l'impression que nous vivons sur une autre planète, et que nous refusons d'évoluer.

Aller en centre-ville un après-midi, ou à la bibliothèque, ça n'a rien d'extraordinaire. Rencontrer son petit copain en public non plus. Or c'est une chose possible pour elles, interdite pour nous. Elles partagent un peu nos galères, dans le sens où elles en côtoient quelques échantillons. Mais elles ne savent rien de l'intérieur, de ce qui se passe réellement dans les foyers.

Les autres, celles qui vivent à la campagne dans des maisons individuelles qui nous paraissent somptueuses par rapport à nos HLM, ne comprennent pas du tout. Tous ces interdits leur semblent nuls. Et si elles essaient de comprendre, c'est nous qui les remettons à leur place :

« C'est bon, laisse tomber, toi, tu ne peux pas comprendre. »

Parce qu'on a honte de vivre ainsi. Même avec les copines les plus proches, on a toujours cette honte. On la porte sur nous de toutes les couleurs. Honte de notre condition, honte de cacher nos corps, de nos amours. Alors que d'autres ne font pas de la virginité une affaire d'État, le moindre baiser accordé ou volé nous rend intimement coupables. Le moindre geste d'amour de l'autre est interprété comme une insulte à la pudeur obligatoire.

Ce soir-là, je ne suis pas une amoureuse française. Kader est venu, je triomphe de lui. C'est ma fierté de jeune fille arabe. Si j'écoutais mon cœur, il dirait bien autre chose.

Je suis rentrée chez moi toujours vierge ce soir-là. Je savais que je ne céderais pas.

Le lendemain, pas de nouvelles de Souria. Habituellement, le lendemain d'un rendez-vous, elle appelait toujours pour que je raconte les détails. Je me suis décidée à l'appeler chez sa mère :

« Elle n'est pas là pour le moment. »

Un dimanche à trois heures de l'après-midi, elle n'était pas là ? Elle n'était pas passée me voir, elle n'avait pas appelé, c'était bizarre. En fin d'après-midi, elle n'était toujours pas là. Mais je n'ai pas insisté auprès de sa mère.

Mais le soir, véritablement inquiète, j'ai tout de même rappelé.

« Non, Leila, elle n'est pas là, en fait, elle est partie chez sa sœur… »

C'était la confirmation qu'il se passait quelque chose. Souria ne s'entendait pas avec sa sœur, trop rigide et intransigeante. On éloigne toujours les filles dans les cas graves, et forcément dans un environnement sévère. Le ton de la mère indiquait clairement que je ne devais pas rappeler. Trois jours plus tard, nouvelle tentative, toujours pas de Souria, et aucune explication supplémentaire, bien entendu.

Je cherchais à contacter son petit copain mais comme personne ne répondait, je me suis décidée à le guetter dans le hall de son immeuble.

Il s'est précipité vers moi :

« Leila, tu as des nouvelles de Souria ?

— Non, justement !

— T'es pas au courant de ce qui s'est passé samedi dernier ? Pourtant tu étais avec elle ?

— Oui, en début de soirée, mais après je suis partie. Pourquoi ? Qu'est-ce qui s'est passé ?

— On a fait une connerie tous les deux. »

J'ai pensé tout de suite qu'elle avait couché avec lui et que les parents étaient au courant. Mais ce n'était même pas ça !

« Tu venais juste de partir, je passais en bas du bâtiment et, comme elle était toute seule, elle m'a dit de monter cinq minutes. Mais les cinq minutes ont passé vite et son frère a débarqué.

— C'est elle qui t'a proposé de monter ? Ou bien c'est toi qui as insisté ?

— Non. C'est elle ! Elle m'a proposé de monter !

— Et tu es resté avec elle dans l'appartement de ses parents, tout seuls, rien que vous deux ?

— Pour cinq minutes... On faisait rien de mal ! Mais son frère a débarqué, alors je me suis caché dans la chambre du fond, derrière une porte. Mais Souria a tellement paniqué qu'il s'est douté de quelque chose, il m'a trouvé et on s'est castagnés. J'ai essayé de lui expliquer que je voulais épouser sa sœur, mais il m'a foutu dehors ! Et je ne sais pas où elle est ! »

C'était ça, la honte. Le fait d'être entré cinq minutes chez sa fiancée en l'absence de la famille, et d'y avoir été surpris seul avec elle. Ma copine avait pris un risque énorme. Même moi je n'aurais jamais fait ça. Une fille ne décide pas seule d'ouvrir la porte à un représentant du sexe mâle. Le père ou le frère ont seuls le droit d'autoriser la visite d'un étranger de la famille.

Souria a refait surface au bout de quinze jours, complètement amaigrie. Son père l'avait attachée à son lit pendant cinq jours, allongée sur le ventre, les pieds et les mains liés aux montants. On lui donnait à manger comme à un chien, il lui était impossible de bouger et de se retourner, elle se nourrissait accroupie, et n'a donc pratiquement rien mangé. Si elle demandait à aller aux toilettes, sa mère l'insultait :

« T'as qu'à te pisser dessus, ça va te faire du bien… »

Ses parents sont originaires d'une région du Maroc où l'on est capable d'égorger sa fille pour l'honneur. Ils ont bien entendu interdit à son copain de tourner autour d'elle et même de la regarder. Hors de question de l'épouser.

Non seulement ils avaient failli à l'honneur tous les deux mais, circonstance aggravante, le prétendant était kabyle et algérien.

La mère de Souria avait aussi ses raisons de le repousser, des raisons complètement ridicules, mais qui comptaient, hélas.

La sœur du petit copain de Souria s'était mariée, et lors de ce mariage la mère de Souria avait fait les gâteaux, puisque les deux mères de famille se connaissaient. Et son refus venait maintenant du fait que cette famille s'était soi-disant moquée d'elle.

« Ils sont venus me demander à moi de faire les gâteaux ? C'était pour que leur fils rencontre ma fille ! Et tout le monde était au courant sauf moi ! »

Il se trouve que ce n'était même pas le cas. Souria avait flashé d'elle-même sur ce garçon dont la famille ignorait cette relation. Et ils s'aimaient sincèrement.

Autre déshonneur plus important : le fait que Souria ait eu le culot de faire entrer un garçon dans la maison de ses parents faisait planer le doute sur sa virginité. Une fille qui fait ça commet un péché grave. Ce n'est pas « halal » d'introduire un homme dans la maison, mais « halam ». Halal étant ce qui est permis par Dieu, halam ce qui est péché. Souria était donc la fille du péché.

Après sa libération, Souria a « mangé le cerveau à sa mère ». Cette expression signifie en langage de quartier qu'elle a fini par la convaincre de lui pardonner en travaillant, comme moi, dans l'intérim et en lui ramenant toute sa paie. Et le scandale s'est tassé.

Mais Souria faisait sérieusement attention depuis, car ses frères étaient en permanence sur son dos. L'un d'eux était vraiment fou, même moi j'en avais peur, car s'il me grillait en train de faire quelque chose soi-disant de halam, fumer ou discuter avec un inconnu, il interdirait à Souria de me fréquenter. Il ne m'a jamais grillée ! Mais pour préserver mon amitié avec Souria, j'ai doublé le nombre de personnes dont il fallait que je me méfie. Quand j'allais au bureau de tabac et que je voyais son frère, je ressortais aussitôt avec un « timbre à trois francs ».

Ma propre rupture avec Kader vient de cette impossibilité de communiquer directement avec un garçon, même à vingt ans. Un jour, il m'avait demandé de l'appeler chez lui, à une heure bien précise.

« D'accord, mais tu as intérêt à être là, je ne veux pas que quelqu'un d'autre réponde. »

Malheureusement, c'est sa sœur qui a répondu. Prise de panique, j'ai raccroché tout de suite, très en colère de risquer de me faire piéger à cause de lui. Puis j'ai rappelé tout de même. Poliment et en arabe :

« Bonjour, excusez-moi de vous déranger, est-ce que je pourrais parler à Kader ?

— Je peux savoir qui veut parler à mon frère ?

— Eh bien, je suis seulement une connaissance de travail. J'avais un renseignement à lui demander pour le travail… il n'est pas là ? »

À ce moment-là j'ai entendu la voix de la mère au loin :

« C'est qui cette pute qui veut parler à Kader ! C'est qui cette pute qui tourne autour de mon fils ! »

Elle a pris le téléphone et a hurlé :

« Qu'est-ce que tu crois ? Que mon fils va se marier avec toi ?… »

J'ai raccroché sous les insultes. Elle ne me connaissait pas, et je ne pouvais pas me présenter à elle puisque j'étais une inconnue… Je n'étais qu'une voix féminine demandant à parler à son fils ! Alors il était normal pour elle de me traiter de pute gratuitement. Une fille ne téléphone pas à un garçon, c'est halam !

Je suis restée dans la cabine, malade de rage. Sa sœur ne me connaissait pas, elle me parlait comme à un chien. Sa mère ne savait rien de moi, et me traitait de pute ! Et ce garçon prétendait m'aimer et m'épouser ? Et me faire des enfants ? Et m'emmener au Maroc en vacances ?

C'était la cassure. Deux familles distantes de cinquante kilomètres et qui ne se connaissent pas ? Inutile d'insister pour dépasser l'obstacle : nous n'arriverions jamais à leur faire accepter un mariage. De plus, je n'étais pas originaire de sa région. Sa mère m'avait déjà cataloguée, et mon père ne me laisserait pas vivre à cinquante kilomètres… Amour ou pas…

Je me doutais qu'il allait téléphoner, et je n'ai pas répondu, j'ai laissé faire mon père. Je savais qu'en entendant sa voix il raccrocherait. Mais il a insisté, le téléphone sonnait toutes les dix minutes et mon père en a eu marre. Il m'a regardée de travers.

« Ça commence à m'énerver ces coups de téléphone. Est-ce que par hasard quelqu'un essaie de te joindre et raccroche parce que c'est moi qui réponds ?

— N'importe quoi! À part Souria, je ne vois pas qui peut m'appeler. C'est peut-être une fille qui appelle mes frangins! Pourquoi moi? »

J'ai débranché le téléphone en cachette. Je n'ai pas dormi de la nuit.

Quand le téléphone a sonné le lendemain, mon père était parti. J'ai dit à ma mère :

« Laisse, ça doit être Souria. »

Je me suis enfermée dans la salle à manger.

« Mais qu'est-ce qui t'arrive? J'essaie de te joindre depuis hier!

— C'est terminé. Laisse-moi tranquille, fous-moi la paix, j'ai plus envie de te voir.

— Tu peux pas me faire ça! Ce n'est pas moi qui t'ai mal parlé, c'est ma mère… Et je m'en fous de ma mère et de mes sœurs! Laisse tomber, elles sont trop nulles… c'est parce que je suis le seul garçon, elles cherchent à me protéger! Je me suis engueulé avec ma mère, je lui ai dit qu'elle n'avait pas le droit de te parler comme ça, que tu étais une fille de très bonne famille! Ma mère a fait sa vie. Mes sœurs font leur vie si elles veulent. Moi, je fais la mienne et avec qui je veux!

— Kader… là, on n'a encore rien mis à cuisiner dans le tajine, et le tajine crame déjà. Si on se mariait, c'est moi qui en prendrais plein la gueule… »

Il avait cinq sœurs, et une mère sur le dos. Donc cinq belles-sœurs potentielles, et une belle-mère acariâtre et possessive. Ça ne marcherait jamais, il valait mieux arrêter avant que je l'aime de plus en plus, pour finalement aboutir à un rejet de toute sa famille.

« C'est avec toi que je veux faire ma vie! Oublie la famille!

— Oublie-moi plutôt, Kader… Fiche-moi la paix. »

Il a continué à tenter de me joindre jusqu'en été alors que mes parents étaient partis au Maroc. Il voulait que nous passions un week-end ensemble, pour mettre les choses au clair. J'ai refusé. Un week-end seule avec lui, même à des kilomètres de chez moi, c'était bien trop risqué, j'aurais pu craquer. Mais c'était dur, si dur... J'étais triste et par moments je me disais : «Leila, tu es lâche... Tu aurais dû en parler à tes parents, leur dire que c'était lui l'homme de ta vie. Tu aurais dû l'imposer, te battre, il avait l'air si sincère!»

Mais une fois, une seule, j'avais essayé de parler de lui à ma mère, elle avait répondu :

«Il est de cette région? Ce n'est pas bon, ma fille!»

Ce n'était ni lui ni moi qui pouvions choisir. À moins de faire éclater deux familles en même temps et de nous retrouver seuls, ce que la grande majorité d'entre nous n'ose pas faire.

Mon histoire d'amour n'a duré que quelques mois, l'année de mes vingt ans. Mon cœur ne battait plus pour personne.

Et pour avoir refusé ce que je croyais impossible, je me suis retrouvée, moi la mouche, prise dans la pire des toiles d'araignée.

Un mari ?

La famille était rentrée de vacances et personne ne m'avait reparlé des prétendants qui se pressaient soi-disant à la porte de notre maison de famille au Maroc. Or « l'affaire » était conclue d'avance. Ma mère m'a simplement dit que nous allions recevoir un invité. Mon père a ajouté que nous devions le recevoir très correctement.

J'ai continué à vivre et à travailler sans attacher d'importance à cette histoire d'invité, et au début de l'automne je n'étais toujours au courant de rien.

Il a débarqué un dimanche soir.

À cette époque, la petite « fiancée » d'un de mes frères avait été mise à la porte de chez ses parents pour cause de liaison avec un musulman. Mon père l'hébergeait sans problème, je n'osais imaginer sa réaction si j'avais demandé la même chose. Impensable ! Un garçon peut se lier avec une non-musulmane, jamais une fille !

Melissa avait d'ailleurs choisi de se convertir, elle était soumise, se pliait aux règles familiales, et avait passé les vacances avec eux au Maroc. Pour la première fois de ma vie, j'avais une amie à la maison, elle dormait avec moi par respect de la bienséance puisqu'elle n'était pas encore mariée à mon frère. Nous avions tous adopté Melissa, moi en particulier. Je partageais les corvées avec elle, comme les fous rires.

Un jour de fin d'automne, le téléphone a sonné, une voix masculine a demandé mon père.

« Papa, c'est pour toi, un certain Moussa. »

Ma mère s'agitait de façon inhabituelle.

« Moussa, Moussa ? Tu es sûre que c'est Moussa ? C'est la personne qui vient du Maroc. »

Ce Moussa prévenait de son arrivée par le train du soir et ma mère a voulu immédiatement me mettre en cuisine pour recevoir l'invité, apparemment précieux.

« Moussa, c'est le garçon qui est venu te demander en mariage cet été.

— Ah bon… »

Indifférente à l'extérieur, je flippais « grave ». Jusqu'ici, les demandes en mariage que l'on évoquait devant moi n'avaient pas eu d'intérêt. J'étais trop jeune, ou bien les parents ne l'estimaient pas, et je n'y prêtais pas attention. Cette fois-ci, quelque chose me disait que le piège était plus redoutable que d'habitude. Je suis allée me coucher comme si de rien n'était, en tremblant d'une inquiétude sournoise.

Pourquoi faisait-il ce voyage ? Est-ce que les parents s'étaient mis d'accord avec lui sans me le dire ? Il venait m'examiner de près ? Vérifier la qualité de la marchandise ? Si c'était le cas, je me faisais fort de l'en dégoûter. J'étais déjà au lit, ma mère a crié :

« Leila ! Viens m'aider ! Il faut le recevoir.

— Non, je t'aiderai pas.

— Viens m'aider tout de suite, Leila ! Je te dis de venir m'aider !

— Non, je suis fatiguée, je travaille demain, alors c'est non. »

Ma mère a fait ce qu'elle avait à faire en maugréant toute seule, elle ne voulait pas énerver mon père avant la venue de l'inconnu dans la maison. Une bonne épouse ne doit pas énerver son mari à propos d'histoires de cuisine, ça ne se fait pas. Elle a préparé seule un festin royal dont je reniflais les odeurs, de plus en plus inquiète, tout en fanfaronnant devant Melissa :

« Moi, rien à foutre ! Je dors ! »

Mon père est allé le chercher à la gare vers minuit, et ma mère est venue me secouer.

« Lève-toi, lève-toi ! Il faut que tu t'habilles, que tu te coiffes, il faut que tu l'accueilles ! »

Je me suis retournée dans mon lit, au ralenti, toujours indifférente en apparence.

« Non, je suis désolée, non ! Il n'a pas besoin de me voir, et moi non plus ! C'est non. »

Cette fois elle s'est mise à hurler :

« Tu vas te lever ! Et dépêche-toi ! Ton père va arriver avec lui ! Je te préviens, Leila... tu vas te prendre une rouste si tu n'es pas habillée pour le recevoir ! »

Je n'avais jamais vu ma mère aussi stressée. Elle en oubliait de me tirer les cheveux pour courir s'habiller elle-même. J'ai encore crié dans son dos :

« Non ! »

Melissa s'est gentiment mêlée du problème :

« Leila, fais juste un effort ? Tu le vois, tout le monde se calme et ensuite tu diras simplement : "Non, je ne veux pas l'épouser..."

— Tu ne te rends pas compte, toi ! Tu ne les connais pas... Si j'accepte de le voir, c'est fini !

— Mais non... Qu'est-ce que tu racontes !

— Je le sais ! S'il me voit et qu'il me veuille, je suis fichue. »

Melissa est gauloise, même si elle avait décidé de l'oublier en voulant épouser mon frère... Dans sa famille, personne ne l'aurait obligée à épouser un inconnu. Certes, son père lui avait demandé de choisir : mon frère ou la porte... Elle avait choisi la porte, pour se retrouver chez nous. Au moins, elle avait eu ce choix...

Moi je ne l'aurais pas. Mon père m'enfermerait plutôt! Je sais comment les choses s'enclenchent pour une fille comme moi. J'avais vingt ans, deux fugues derrière moi, j'étais une révoltée, j'aimais sortir, je fumais la cigarette, je travaillais la nuit, j'avais fait une tentative de suicide… je n'étais pas la fille parfaite dont mes parents avaient rêvé. Ils ne prendraient pas le risque que le prétendant change d'avis, ils voulaient me «caser» avant qu'il me passe par la tête l'idée de jeter ma virginité aux orties!

Pendant que j'essayais de résister misérablement en m'accrochant à mon oreiller, ma mère accueillait le nouveau venu avec le protocole d'usage multiplié par trois en l'occurrence.

«Vous êtes le bienvenu, entrez, cette maison est la vôtre», etc.

Je me répétais comme une lamentation : «Leila, si tu te montres, c'est fini pour toi.»

Je n'avais absolument pas confiance en ma capacité de dire non. Et je savais surtout que, si je me montrais, mes parents comme le prétendant prendraient cette apparition protocolaire comme une acceptation de fait et qu'ensuite ce serait la galère pour revenir en arrière.

«Leila, va préparer le thé!»

Je bouillais de rage impuissante. «Tu prépares le thé, tu lui apportes sur un plateau d'argent.» L'image symbolique de la jeune fille soumise et bien élevée, prête à servir le premier crétin qu'on lui amène, parce que la famille l'a décidé.

J'ai fait ça toute ma vie pour les hommes. Mais cette fois j'aurais l'impression de me vendre à un homme que je ne veux même pas connaître. Mon pressentiment se concrétisait. Toute mon enfance et mon adolescence remontaient à la surface comme une nausée. J'étais née pour souffrir, ça ne s'arrêterait jamais, impossible d'être tranquille, de vivre ma vie sans qu'ils se préoccupent de cette virginité de merde ! Je n'avais pas l'intention de la brader, j'avais envie de leur crier :

« Elle est là ! Si je pouvais, j'y mettrais un feu rouge ! Il passera au vert le jour où moi je le déciderai ! Pour l'instant je ne veux rien ! »

Mais comment leur faire comprendre ? Comment leur dire : « Ne vous inquiétez pas, il est là cet hymen, il restera là ! Vous ne voyez pas que je suis complètement coincée depuis l'enfance ? Que je n'ai pas du tout envie de me faire sauter ? Et surtout par un inconnu ! Foutez-moi la paix, donnez-moi le temps de rêver, d'aimer, de choisir ! »

Mes parents étaient imperméables à ce genre d'argument. L'aboutissement de l'éducation d'une fille, c'est de la marier ! Le rôle des parents est de l'amener au mariage. Une fois mariée, elle passe sous la responsabilité de son mari. Le père est déchargé, il fait son devoir.

Je n'avais même pas pu acheter ma liberté avec du fric. Je croyais me servir de mon salaire comme d'une protection rapprochée contre le mariage, c'était raté.

Melissa m'encourageait :

« Vas-y, c'est pas si grave. »

Elle avait surtout peur que mon père ne me gifle devant tout le monde. J'ai fini par dire d'accord à ma mère, mais avant de me jeter dans la gueule du loup je voulais voir la tête de « l'autre ».

« Melissa, rends-moi service, fais un tour dans le salon et va voir la tronche qu'il a.

— Qu'est-ce que tu veux que je prétexte ?

— Alors va sur le balcon chercher un truc qui sèche, n'importe quoi, et regarde par la baie vitrée...

— T'es folle, t'as vu le temps qu'il fait ? Ta mère va me demander ce que je fais là !

— S'te plaît ! »

Manque de pot, il y avait de la buée sur les fenêtres, et elle n'a rien pu voir, à part le dos de ma mère. Elle est revenue en rigolant.

« Elle est plantée devant lui, rien à faire ! Écoute-moi, te prends plus la tête, tu entres, tu le regardes, il te regarde, et ta décision est prise, c'est non ! »

Je me suis décidée à préparer le thé protocolaire qui accompagnerait mon entrée dans le salon. Je m'acharnais avec un malin plaisir à le rendre le plus amer possible en mettant trois fois plus de thé noir que de menthe, et pas assez de sucre. J'étais contente de ma ruse. Il allait se dire : « Elle ne sait même pas faire le thé », ce serait un mauvais point pour moi.

Ma mère m'avait forcée à revêtir une gandoura, elle voulait que je me coiffe et que je me maquille, mais j'avais résisté, mes cheveux étaient restés attachés en bataille.

Melissa me regardait en rigolant.

« Il est vraiment dégueulasse ce thé... »

Avant d'entrer dans le salon avec mon plateau, les verres, la théière, les gâteaux, je ne sais pas pourquoi, je suis allée examiner ses chaussures. Comme tous les visiteurs, il les avait posées dans le couloir de l'entrée. Et là... ma décision, qui était prise d'avance, a pris la forme d'un *non* énorme dans ma cervelle. *Jamais*.

Des petites chaussures de ringard à lacets, noires, en cuir, avec un genre de grillage, des faux petits trous sur le dessus. Une horreur ! Mon père, qui était bien plus vieux que lui, avait du goût par rapport à « ces choses » ! Aucune classe, le prétendant ! J'ai vu tout de suite avec quel genre de mec on voulait me caser !

Je suis revenue illico dans la cuisine avec mon plateau de mauvais thé.

« Melissa, y a pas moyen, t'as vu ses pompes ?

— Mais t'es trop bête! T'as été voir ses chaussures?»

Elle riait à en pleurer, moi je ne rigolais pas du
tout.

«C'est pas un mec pour moi. C'est clair et net.

— Mais comment tu peux savoir, tu ne l'as pas vu!
Tu n'as vu que ses chaussures!

— Ces chaussures-là, elles veulent tout dire pour
moi. Je suis sûre qu'il a la tête de ses pompes!

— Ça ne te coûte rien d'aller voir la tête qu'il a!
Calme-toi, ne te base pas sur des chaussures, c'est
de la folie!

— Ses chaussures ne me plaisent pas, donc il ne me
me plaira pas!»

J'étais butée. Ces maudites chaussures m'avaient
donné un choc. Ce type était un plouc, ses godasses
le trahissaient, poussiéreuses, démodées, informes,
nulles!

«Melissa, ils sont tombés sur un blédard de chez
blédard! C'est le détail qui tue, des pompes pareilles,
ils veulent me refiler un mec qui se balade avec ça?»

Je me sentais déjà humiliée de devoir supporter
cette mise en scène d'une autre époque, à présent
c'était pire, j'étais dévalorisée. Et même... si j'avais
vu des chaussures de luxe, façon Dior, j'aurais
pensé qu'on me vendait comme une pute à un mec
bourré de pognon! Si j'avais vu des baskets, le gars
aurait été catalogué «zonard de banlieue sans travail» prêt à me piquer mes sous pour traîner dans
les cafés. Il n'existait aucune chaussure d'homme
qui puisse me correspondre, je ne voulais pas me
marier. L'homme rêvé, que j'aimerais peut-être un
jour, n'avait pas de chaussures! Elles étaient
irréelles autant qu'il l'était.

Ou alors c'était un prince aux pieds nus.

Celui-là, cet inconnu qui s'introduisait chez moi
comme un coucou, je pouvais le visualiser à partir

114

de ces chaussures. Il était bien là, mon cauchemar, ces chaussures le disaient.

Et mes parents avaient accueilli cette paire de pompes avec les salamalecs d'usage pour me bouffer définitivement la vie !

Je sentais le tourbillon qui allait m'aspirer, des semaines et des semaines d'emmerdes, de galères, de bagarres, pour arriver à dire non. Ils n'allaient pas lâcher l'affaire de sitôt. Si j'étais prise dans ce tourbillon-là, ce serait terminé pour moi, je voudrais dire non et encore non... et je n'y arriverais pas !

J'ai apporté le plateau. J'aurais bien renversé la théière sur lui quand il m'a regardée, mais je n'ai même pas levé les yeux, j'ai dit bonjour en détournant la tête, à peine touché la main, pas un sourire, et je suis ressortie aussi sec.

Ma mère m'a rattrapée dans la cuisine, furieuse :

« Tu exagères, tu aurais pu au moins t'asseoir...

— M'asseoir à côté de qui ?

— Est-ce que tu l'as regardé au moins ?

— Je n'ai pas envie de le regarder, je ne veux pas le voir ! Il m'a vue ? C'était ce que vous vouliez ? Point. Moi, je ne veux pas le voir. »

Et je ne l'ai réellement pas vu ce soir-là. Pour un homme arabe, c'était en principe humiliant. Je voulais lui « foutre les boules ». Lui faire comprendre en silence : « Vas-y, dégage, t'es pas assez bien pour moi ! »

Mais il ne dégageait pas. Bien au contraire. Et la catastrophe prenait des proportions effrayantes. Il était venu exprès du Maroc, donc tout était décidé d'avance.

Je pleurais dans la chambre devant Melissa, elle seule pouvait me comprendre :

« Merde, j'en ai marre ! Je ne veux pas me marier, je ne veux pas me marier.

— Mais ne t'inquiète pas, Leila, tes parents ont compris que c'était non, alors ce sera non.

— T'as rien compris, t'es française, t'es trop naïve…
Toi, tu as pu choisir mon frère, en laissant tomber ta
famille, mais moi, je ne pourrai jamais quitter ma
famille. Où veux-tu que j'aille ? »

Elle a essayé de prendre l'histoire à la blague, de
me dérider :

« T'as vu au moins sa gueule ?

— Même pas, j'en ai rien à foutre de sa gueule !
J'ai vu la gueule de ses pompes ! »

Je faisais une fixation symbolique sur cette histoire de chaussures. Chaque fois que je l'ai racontée,
les autres riaient comme Melissa. « Cendrillon
cherche les chaussures du prince ! »

Je n'ai pu en rire moi-même qu'au bout d'un cauchemar qui a duré cinq ans.

Je parlais toute seule en me retournant dans mon
lit cette nuit-là, comme une folle :

« C'est pas croyable, j'y crois pas, j'y crois pas, j'y
crois pas. »

Puis j'ai fait une prière, j'ai demandé à Dieu qu'il
me vienne en aide. Mais il n'était même pas sur
répondeur, il était absent, pas de message pour moi.

Le lendemain, je me suis levée plus calmement.
J'avais décidé, sachant qu'il devait rester là quelque
temps, que je m'enfermerais à clé pour ne pas prendre
le risque de tomber sur lui.

J'envoyais Melissa en repérage avant de sortir.

« Va voir s'il n'est pas dans le couloir… »

J'ai réussi à l'éviter ainsi pendant quinze jours
dans ma propre maison. Mais Melissa en a bavé.

« Va donc le voir toi-même ! Dis-lui non une bonne
fois pour toutes ! Tu te plantes devant lui, et tu lui
dis carrément : Je ne veux pas me marier avec toi,
maintenant casse-toi ! »

Pourquoi pas ? Pourquoi étais-je incapable d'affronter ce type ? Je ne pourrais pas le fuir éternellement ! J'avais sans doute le secret espoir que mes

parents renonceraient. Qu'ils m'aimaient assez pour comprendre mon attitude. Au fond, ils étaient responsables de sa venue, c'était à eux de le renvoyer chez lui. J'espérais… j'espérais lâchement.

Je prétextais travailler, alors que je n'avais plus d'emploi à ce moment-là. Je m'étais inscrite pour passer le permis de conduire, uniquement pour fuir le reste du temps.

Au bout de quinze jours, ma mère est venue me parler solennellement, en ambassadrice :

« Ton père commence à s'énerver, il faut que tu ailles voir Moussa, c'est pas un chien, il faut que tu lui donnes de l'importance, et il faut que vous vous mettiez d'accord.

— Se mettre d'accord sur quoi ? Pourquoi ?

— Leila, ça va mal se terminer avec ton père ! »

Mes frères ne m'étaient pas d'une grande utilité.

« T'as pas le choix ! Tu peux pas laisser un mec à attendre comme ça que mademoiselle daigne lui parler ! Ça se fait pas ! »

Et pour finir mon père m'a dit en arabe, signe qu'il ne plaisantait pas :

« Écoute, ma fille, que les choses soient claires. Ça fait quinze jours que Moussa est là, quinze jours que tu l'évites, quinze jours qu'il attend. Maintenant, tu vas me faire le plaisir d'entrer dans le salon, de t'asseoir avec lui et de te mettre d'accord avec lui. »

Je n'avais plus le choix ce jour-là. Je ne pouvais même pas me barrer, il ne m'aurait pas laissée sortir de la maison. Je ne pouvais plus envisager de fuguer – pas de travail, pas de maison où aller – et même si j'avais essayé de fuir, ils avaient tellement l'œil sur moi qu'ils m'auraient rattrapée, cette fois. Je savais que tous mes faits et gestes étaient épiés. La caméra habituelle fonctionnait vingt-quatre heures sur vingt-quatre. Alors j'ai fait ce que je pouvais pour avoir l'air d'une « pétasse » impossible à marier.

Regard baissé ou en coin, comme s'il n'était pas dans la pièce. Je contemplais les plantes vertes de ma mère. Sans un mot de ma part pendant dix minutes, un quart d'heure.

« Alors, ça va, Leila ?

— …

— Tu sais pourquoi je suis là ?

— …

— Regarde-moi au moins ! Regarde-moi ! »

J'étais envahie par la colère, la haine, le dégoût, une monstrueuse envie de l'insulter : « Dégage, barre-toi, tire-toi de ma vie, je ne veux pas te regarder, casse-toi !… »

Mais si je l'avais fait, j'étais morte. Mon père me réservait une tannée à mort comme je n'en avais certainement pas encore eu. Le scénario qui suivrait était tout écrit : tannée, bouclage à la maison, tannée – il serait bien arrivé à me faire céder, si je ne me suicidais pas avant. Quand mon père s'énervait, je ne savais jamais jusqu'où il pouvait aller. Et là, j'avais terriblement peur d'y passer. Entre lui et moi à ce moment-là, c'était l'ultime combat, il avait l'arme de l'autorité qu'il ne pouvait pas lâcher, et je n'avais rien pour me défendre. À part l'espoir de dégoûter définitivement ce prétendant et qu'il renonce. Et même dans ce cas, la tannée ne me serait pas épargnée. J'aurais fait honte à la famille, piétiné l'honneur de mon père.

Ma mère m'avait suivie dans le salon. Il a bien fallu que je le regarde, puisqu'elle était plantée là pour surveiller comment je me comportais avec lui. Elle s'est assise comme si de rien n'était, le ton mondain, léger, du style « vas-y, parle, qu'il entende le son de ta voix »…

« Alors, Leila, qu'est-ce que tu lui racontes ? »

Comme si, ce type et moi, nous étions les meilleurs potes du monde !

« Rien de spécial. »

Il était assis, légèrement penché en avant, j'ai vu qu'il était un peu rondouillard, plus grand que moi. Il faisait bien son âge, trente-cinq ans. Je le trouvais moche, et surtout stupide à vouloir épouser une fille qu'il n'avait jamais vue et à s'accrocher alors que tout dans mon attitude disait non.

Sa fierté devait normalement en prendre un coup. Si je m'étais conduite de cette manière avec un garçon du quartier, il aurait réagi violemment. Avec lui, j'avais l'impression de me cogner contre un mur.

J'ai bien réfléchi plus tard... D'une part ce type suivait la «tradition». Même si une fille renâcle, ce n'est pas elle qui compte, c'est le père. Mais surtout, il voulait se marier en France pour obtenir la nationalité française.

Il était grand, mûr, carré, et pas si moche que ça finalement. Démodé c'est sûr, mais il arrivait du bled... il avait des circonstances atténuantes. Ce n'était même pas lui qui pouvait me forcer à l'accepter, c'était mon père! Il n'était là qu'avec son accord, il voulait m'épouser avec sa bénédiction. Je n'aurais même pas dû lui en vouloir à lui personnellement. Ce type avait fait ce que des centaines d'autres font régulièrement. Il s'était présenté à la famille au Maroc, en proposant simplement d'épouser une «Marocaine de France».

C'est terrible de ne pas pouvoir s'adresser normalement à quelqu'un, en lui disant simplement : «Écoute, s'il te plaît, non, ne me fais pas ça, je sais que c'est la coutume, je sais qu'on marie les filles de cette façon, mais pas moi... Sois sympa!»

On ne peut pas s'adresser au prétendant choisi par le père de cette manière. On se retrouve tapé contre un mur jusqu'à ce qu'on cède.

Quand j'y repense aujourd'hui, je m'en veux, et je me donnerais des claques. Je me dis : «Leila, tu es vraiment trop lâche! À ce moment-là, dans le salon, tu aurais dû dire non, quitte à te faire tabasser. Tu aurais pu sauter par la fenêtre et t'enfuir ! Tu aurais pu trouver du travail puisque tu as toujours travaillé. Tu aurais peut-être pu sauver au moins ça, pouvoir te marier avec un homme que tu aurais aimé. Au lieu d'être humiliée, considérée comme un objet sans importance, qui passe des mains du père à ceux d'un type inconnu. » C'était un viol pur et simple ce que mon père voulait me faire subir.

Je détestais tout le monde à ce moment-là. Je détestais cette coutume ! Pourquoi étais-je née fille ! Pourquoi pas mec ? Je voulais bien être arabe, respecter Dieu, mais en mec ! Si j'avais été un mec, j'aurais pu vivre autrement que dans ce cauchemar. Et jamais je n'aurais obligé une femme à m'épouser de force !

Je sentais la toile d'araignée tissée autour de moi. Et il n'y avait pas qu'une seule araignée pour me bouffer, il y avait toute une tribu, la famille, les cousins, le quartier, la communauté, ils étaient tapis à l'affût des petites mouches comme moi. Ils allaient m'immobiliser, m'envelopper de leurs fils, me transformer en momie que ce type dévorerait tranquillement le soir de ses noces.

C'était trop dur de décider de se barrer en courant, de forcer la porte, de se dire : Je laisse tout, ma famille, mes papiers, ma vie. Je vais où ? Je vais chez les flics ? Ça ne les concerne pas. Il n'y avait pas, à ma connaissance, une seule famille du voisinage qui aurait le courage de m'héberger. Il n'y avait pas une assistante sociale pour me prendre en charge. C'était une affaire privée, tout le monde s'en foutait !

J'étais française et majeure ; si je me laissais piéger dans ce mariage forcé, c'était ma faute. Personne ne l'avait encore dit clairement, mais je m'en doutais bien, s'il me voulait, ce type, c'était pour avoir la possibilité de vivre en France avec des papiers en règle. Et tout ça était devenu normal, habituel, bientôt traditionnel, pourquoi pas ? Il avait dit à mes parents qu'il vivrait où je voudrais... en Espagne, en Italie, en France, une manière hypocrite de leur faire croire qu'il ne m'épousait pas uniquement pour devenir français ! Un signal aussi pour leur dire : « Je ne la répudierai pas... » Rien ne serait pire qu'une fille répudiée aux yeux de mon père. Mieux vaudrait qu'elle reste vieille fille.

Certains se marient, consomment le mariage et, une fois qu'ils ont leurs papiers, ils se cassent. Mais lui... je n'avais pas le sentiment qu'il le ferait aussi facilement. Et de toute façon le mal serait fait pour moi.

J'avais la haine devant lui. La haine après moi, après mes parents. C'était la fin de ma vie de jeune femme occidentale, je retombais dans une tradition qui ne fait que se nourrir des nouvelles possibilités qui s'offrent aux hommes : une femme = des papiers = la Sécurité sociale = le RMI !

Pendant toute une enfance on essaie d'échapper à l'ancienne tradition des mariages arrangés par les familles, on écoute les récits des autres comme des légendes des temps anciens, et total on retombe dedans, à coups de latte s'il le faut ! Parce que la donne a changé. C'est le retour au conformisme. Il s'agit de se marier entre soi, entre membres de la même tribu si possible.

Mon père m'a convoquée dans la chambre tout de suite après cette entrevue. Accessible à aucune discussion, aucun compromis.

« C'est lui et pas un autre, tu n'as pas le choix. »

Je ne respirais plus, je suffoquais d'angoisse. Mes frères ont pris le relais :

« Leila, il faut que tu dises oui, c'est un mec bien, tu pourras pas tomber sur un mec aussi bien. T'as pas le choix... »

Et le cousin entremetteur appelait du Maroc. Et les autres cousins, certains que je ne connaissais même pas, appelaient de tous les coins de France. Le téléphone sonnait en permanence, tous n'avaient qu'un message : « C'est un bon mariage. »

Et mon père, qui me connaissait, jouait sur le côté sensible de ma personnalité. Malgré tout ce qu'on m'a fait, j'aime ma famille. J'aurais voulu pouvoir me débarrasser de cette racine, couper le cordon, je n'ai pas réussi, et je n'y arrive toujours pas aujourd'hui. Malgré cette haine qui n'en est même pas une... mon père, c'est mon père. Et ma mère, c'est ma mère. Je suis née comme ça. J'étais encore jeune, mais à vingt ans j'avais l'impression d'en avoir le double. Alors qu'une fille de vingt ans a des amis, sort, dîne au restaurant, va au cinéma, flirte encore si elle n'est pas mariée, fait des études, voyage, tombe amoureuse... moi, après toute une adolescence de frustration, j'avais droit à la toile d'araignée.

Le futur époux vivait chez mes parents, nourri et blanchi. Il ne touchait pas à un sou de ses économies, il se la coulait douce, en attendant d'avoir enfin ses papiers en France, et le reste.

De rage impuissante, j'ai changé de tactique. Moi qui ne me maquillais pas, je me suis tartiné le visage comme une « pute ». Contre-attaque désespérée avec rouge à lèvres agressif, crayon noir en excès, rimmel à me cimenter les yeux, et triple couche de fond de teint. Tout ce que je reprochais gentiment à mon amie Souria, j'en avais fait mon nouveau look, y compris les petits hauts moulants, les cheveux lâchés, le brushing et les boucles d'oreilles par trois.

Je m'enfonçais plus qu'autre chose, car je lui plaisais de plus en plus. Il ne me prenait même pas pour une pute. Même la fumée de cigarette ne le faisait pas reculer. J'allais en fumer une dans le hall de l'immeuble, je remontais pour lui passer l'odeur sous le nez, je redescendais en fumer une autre, et ainsi de suite… Rien à faire.

Il a proposé un jour d'aller au restaurant pour qu'on apprenne à faire connaissance. J'ai dit : «Non, non merci, j'ai des choses à faire.» Il a proposé d'aller boire un verre, d'aller au bowling, de sortir où je voudrais. «Non, non merci, j'ai du travail.»

J'avais dit à mon père, les larmes aux yeux : «Fais ce qui te semble bon pour moi.» En espérant qu'il allait réfléchir. S'il m'avait aimée, il aurait renvoyé ce type chez lui.

L'espace de quelques secondes, j'y avais cru un peu… Mais il m'avait prise par l'épaule fermement : «C'est lui, et pas un autre, ma fille, ne t'inquiète pas, tout ira bien.»

Pour une fois, je me pliais vraiment à ce qu'il voulait et je lui faisais plaisir en lui cédant ma vie, mon avenir. Il ne savait pas à quel point il me détruisait. Il était persuadé d'agir pour mon bien, ma sauvegarde, et pour l'honneur, ce putain d'honneur !

Cet homme s'est incrusté à la maison avec la bénédiction paternelle jusqu'à la fin du mois d'octobre. Un jour, je l'ai croisé en centre-ville. J'étais avec Souria, il nous a invitées à boire un verre au café, avec un de mes frères. J'ai refusé de m'y montrer avec lui et, quand Souria m'a demandé qui était ce type, j'ai répondu :

«Un copain de mon frère… c'est rien.»

J'avais honte de dire la vérité à ma meilleure amie. Moi la grande gueule, qui avais tellement juré «moi jamais»… Et j'espérais encore je ne sais quel miracle. Qu'il change d'avis, que son train déraille, pourquoi pas…

Melissa avait pris la peine de parler avec lui, elle essayait toujours de me consoler.

« Leila, il n'est pas méchant, peut-être que tu seras heureuse avec lui ? »

Il a fini par repartir, car le plan était d'organiser l'acte de mariage marocain au printemps suivant, et de revenir ensuite en France, pour le mariage « papiers ». Je ne serais pas la première à passer devant monsieur le maire avec les yeux rouges. Personne n'est dupe, c'est un système qui marche.

J'allais peut-être pouvoir inventer quelque chose pour me tirer de là avant ?

Tout me passait par la tête pour essayer d'échapper à ce mariage. Trouver un mec, par exemple, et me marier avant… J'étais bien incapable de monter un plan pareil, et de faire une telle honte à mon père. Quoi d'autre ? Offrir ma virginité au premier venu et me confesser devant la famille ? Encore moins. À ce tarif-là, mon avenir était dans l'eau pour le restant de mes jours. Même si je tombais vraiment amoureuse, personne ne voudrait de moi.

Mon cerveau ne se reposait pas. Jour et nuit, obsessionnellement, la mouche se débattait. Dix jours venaient à peine de s'écouler depuis son départ, qu'il a appelé mon père :

« J'ai réfléchi, plus tôt on aura fait l'acte de mariage musulman, mieux ce sera, au moins on sera tranquille, on pourra faire les fiançailles. »

Mon père trouvait qu'il allait un peu vite… Mais ce n'était qu'une question de finances. Alors l'autre a mis le paquet :

« Je paie le voyage, je viens vous chercher en France, vous revenez au Maroc avec moi, on fait l'acte de mariage musulman et comme ça, aux yeux des gens, s'ils me voient avec elle, ce sera correct, elle sera ma femme officiellement ! »

J'entendais les conversations, le téléphone était dans le couloir. Mon père n'a même pas pris la peine de m'expliquer en détail.

« Prépare-toi, tu vas au Maroc, on part dans quinze jours avec ta mère !

— Ah bon, pourquoi ?

— Vous allez faire votre acte de mariage.

— Attends, papa, il a bien dit que c'était au printemps ? Pourquoi si vite ? Et mes frères qui ne seront pas là ?

— Plus vite ce sera fait, mieux ce sera pour tout le monde, on sera tranquille ! »

Entre cet appel téléphonique et le moment où j'ai pris la route pour le Maroc, j'ai passé mon temps à pleurer. Deux semaines… comment trouver une issue en deux semaines ?

J'avais gagné le gros lot à me comporter comme je l'avais fait. Le futur époux avait dû se dire : « Celle-là, si je ne la coince pas très vite, elle va m'échapper… »

Il est revenu en France ventre à terre, tout le monde a embarqué dans le fourgon familial. Lui devant, à côté de mon père. Ma mère sur la banquette du milieu, avec un de mes frères. Et moi toute seule à l'arrière, le plus loin possible.

J'ai dormi tout au long du trajet à travers la France et l'Espagne. On ne pouvait pas me tirer un mot, je ne mangeais rien. Je rêvais d'un accident qui nous ferait partir dans l'autre monde, là au moins je ne souffrirais plus. Ou alors que je sois la seule à survivre… Ou alors qu'il crève tout seul ! Que les familles le pleurent, et que je n'entende plus parler de lui. Veuve avant même d'être mariée ! Je devenais folle lentement, silencieusement, rien de ce que je voulais dans la vie ne m'était jamais donné. Ni l'amour de mon père, ni le respect des hommes, ni le prince charmant que j'attendais, celui qui m'emmènerait vivre ailleurs, partagerait tout avec moi, me permettrait de recevoir ma famille en vacances et, le reste du temps… de *vivre* !

Je voulais que Dieu s'occupe de tout à ma place, qu'il arrange mon destin gentiment, que je ne me sente plus coupable, prisonnière, mal-aimée, ballottée dans l'existence comme un bouchon sans importance. Dieu était toujours absent malgré mes prières.

Dans la voiture, l'ambiance paraissait normale, à part mon silence. Mon père s'entendait bien avec lui. Ma mère était ravie, fière. Ils n'ont pas entendu le son de ma voix et ne s'en sont pas inquiétés. En montant à bord du bateau à Algésiras, « Monsieur Moussa » croyait que tout allait bien, que c'était la fête, qu'il allait pouvoir m'embrasser, qu'on allait jouer aux amoureux fous… Il m'a proposé plusieurs fois une balade sur le pont, l'œil énamouré !

« Non, non, on n'est pas encore mariés ! »

Parade incontournable selon la tradition pure et dure, qui voulait dire : « Toi, tu ne m'approches pas, tu ne me touches pas ! Le peu de temps qui me reste, je le garde pour moi. »

Je ne l'ai même pas laissé s'asseoir à côté de moi sur le pont, alors qu'il y avait un siège de libre. Plus rapide qu'un serpent, j'ai attrapé mon petit frère, qui a littéralement volé dans mes bras pour atterrir à ma droite.

« Il y a quelqu'un, c'est occupé, c'est le siège de mon frère ! »

C'était enfantin et désespéré, cette façon de mener une bataille perdue. Un jour ou l'autre, je devrais bien accepter que cet inconnu me touche, m'embrasse, me prenne dans son lit. Mais je zappais… Il me répugnait, c'était physique. Ni laid ni bête, car il avait parfaitement compris mon attitude et ne l'a jamais oubliée, mais tout simplement le symbole d'un système.

Certaines femmes m'ont expliqué qu'elles avaient appris à aimer de tels maris imposés. Pour moi, c'était inimaginable. Trop de contraintes depuis des années, trop d'interdits, d'agressions avaient fait de moi une sorte d'intouchable, sauf avec ma permission et mon amour.

Le passage de la douane est toujours folklorique. Pour passer deux tapis, au lieu d'un prétendument « autorisé », il fallait sortir quelques billets compensatoires. Une vraie scène de théâtre qui aurait dû me faire rire mais m'a transformée en pile électrique.

« Maman ! Tu avais besoin d'acheter des tapis en France ? Et pourquoi deux d'abord ?

— Pour les fiançailles ! Un pour nous, un pour la famille de Moussa ! C'est la tradition !

— Alors paie-le, ce type !

— Pas question ! Et il m'a mal parlé ! J'en suis malade, s'il m'arrive quelque chose...

— Arrête ! Tu ne vas pas te griffer le visage non plus ! »

J'avais envie de taper sur quelqu'un, même sur elle, qu'elle comprenne ce que le respect m'interdisait de hurler : « Il y a des tapis au Maroc, et ils sont bien plus beaux, pourquoi tu nous prends la tête pour cette saloperie que tu as achetée sur un marché à trois cents balles ! Un truc bidon en acrylique ! »

Mais c'était « son » tapis. Mon père a fini par lâcher le bifton réclamé. Il était obligé, sinon nous restions là des heures, et pas de tapis. Mais lui aussi discutait à n'en plus finir, et le mariage, et la famille, et ceci, et cela... Je l'aurais assommé, pour qu'il comprenne également ce que le respect m'interdisait toujours de dire : « Pourquoi toute cette crise puisque tu sais qu'au bout du compte tu vas le lâcher, ton billet ! C'est encore un protocole ! Ils nous croient riches parce qu'on arrive de France. »

Ma mère avait tout emporté, le fourgon était bourré : jus d'orange, fruits, dragées...

Et sa fille en plus, comme un paquet !

Protocole toujours, une fois sur place les parents du futur sont venus à la maison pour officialiser la demande en mariage. La belle-mère, une mégère ! Ma mère elle-même lui a jeté un œil méfiant. Foulard multicolore, tatouages sur le front, le nez et le menton. Regard sournois de vipère qui observe son monde : en l'occurrence moi !

Le père, djellaba, chapeau et babouches blanches, l'air sympathique. Ce sont des gens aisés, mais très simples, et j'ai découvert en mon beau-père un personnage extraordinaire de gentillesse et de calme. Les futurs beaux-frères étaient sympathiques aussi, je n'avais rien à leur reprocher. Moussa était le dernier de la famille à se marier. Son frère aîné, qui venait à peine de le faire, était déjà en procédure de divorce, parce que son épouse ne convenait pas à sa mère ! Mauvais signe. C'était le genre de belle-mère qui déteste ses belles-filles, toutes sans exception. J'ai vite appris les secrets de famille à son sujet. Répudiée une première fois, elle avait eu la chance d'épouser cet homme bien en secondes noces, parce qu'il était cousin de la famille et qu'il fallait rétablir l'honneur. Elle devait vouloir se venger en se débrouillant pour que ses fils répudient leurs femmes à leur tour.

Elle m'a scrutée de la tête aux pieds. J'avais l'impression qu'elle fouillait le moindre détail de mon visage de ses petits yeux perçants. Mon père était gêné devant elle, elle ne lui plaisait pas non plus, elle portait la méchanceté sur son visage. Alors que mon beau-père était tout le contraire, un comportement parfait, très respectueux. J'ai aimé cet homme immédiatement.

J'ai dit bonjour. Protocole. Et j'ai filé au dernier étage de la maison, chez ma tante, ils ne m'ont pas revue. De toute façon, dans ce genre de négociations avant signature devant les « Adouls[1] », ce n'est pas

---

1. Un Adil est une sorte de notaire détenteur de la loi islamique. Les Adouls sont rémunérés pour enregistrer tout acte administratif.

avec la fille qu'on parle. On parle d'argent, de bijoux, de tapis, de bouffe, mais pas de la mariée.

Heureusement, nous allions rendre visite à mon grand-père maternel à la montagne, une échappée qui allait me faire du bien, car j'adorais cet homme.

J'ai passé un jour et une nuit en territoire berbère. Il pleuvait, la montagne était boueuse, la voiture s'est enlisée, ma mère s'est tordu la cheville et elle a perdu un bijou… Nous avons dû rester plus longtemps que prévu, alors que les préparatifs du mariage attendaient ! Si j'avais été superstitieuse, j'aurais dit que tous les signes étaient au rouge.

J'ai rêvé d'une chose bizarre cette nuit-là. Je portais une bague en or à l'annulaire. Et dans ce rêve, un homme est apparu devant moi, habillé tout en blanc, avec une longue barbe blanche et un turban. Il me disait :

« Leila, ne t'inquiète pas, je serai toujours là pour te protéger, quoi qu'il arrive.

— Tu veux me protéger, mais c'est trop tard.

— Ne t'inquiète pas, tout va bien se passer. »

Le lendemain matin cette bague, que je portais à l'annulaire gauche avant de m'endormir, était passée du côté droit. J'avais dû la retirer dans mon sommeil.

J'ai quitté le pays de mon grand-père avec le sentiment d'avoir vécu en deux jours les dernières vacances de ma vie. J'aime ce village perdu dans la montagne. Je ne pourrais pas y vivre, trop habituée au luxe de l'électricité et des robinets d'eau potable, mais aux côtés de ce vieil homme fier, au caractère indomptable, je me sentais protégée.

« Il est bien, cet homme que tu vas épouser ?

— De bonne famille, grand-père… »

Là aussi le respect m'interdisait de me plaindre. Il ne pouvait pas m'aider, je n'étais que sa petite-fille, et l'autorité revenait à mon père, lui seul décidait de ma vie.

De retour en ville, j'ai retrouvé les corvées de ce mariage maudit. Moussa devait m'accompagner pour l'achat de la bague et des autres bijoux que le futur époux est traditionnellement obligé d'offrir à sa fiancée. J'étais épuisée de chagrin, mon entourage devait forcément s'en rendre compte, mais chacun faisait comme si tout était normal. Je n'étais que refus devant mon père, encore et toujours dans l'espoir que la situation exploserait d'une manière ou d'une autre.

« Je ne veux pas accompagner Moussa, qu'il se débrouille ! Je m'en fous ! J'en peux plus.

— Mais comment tu veux qu'il fasse ! C'est quand même toi qui vas les porter, ces bagues !

— J'en ai rien à foutre ! Faites ce que vous voulez, je m'en fous ! »

Je profitais de la protection de ma tante, mon père la respectait trop pour me cogner devant elle. De plus, et par sa faute, j'étais « promise » à un homme, il n'avait plus le droit provisoirement de me taper dessus, et l'autre ne l'avait pas encore...

« Leila ! Tu t'habilles et c'est moi qui t'emmène rejoindre Moussa ! Tu dois aller chercher les bagues !

— C'est la bague qui te travaille ? Tiens, en voilà une, elle me va, qu'il achète ce qu'il veut avec le modèle, j'en ai rien à foutre.

— Tu vas y aller ! »

Promise ou pas, je risquais tout de même de prendre une rouste, il était en colère et se rendait parfaitement compte que je me fichais de lui. Ma tante m'a discrètement fait signe d'obéir. Mais j'ai refusé catégoriquement d'être seule avec Moussa, pour cette course aux bijoux.

« Toute ma vie, vous m'avez cassé la tête parce qu'il ne fallait pas être seule en compagnie d'un homme ! J'ai besoin d'un chaperon ! »

Jusqu'à la dernière seconde je voulais autant que possible éviter le contact avec lui.

« Tu vas y aller et la fermer ! »

Mon père m'a poussée dans le taxi aux côtés du futur époux. J'étais coincée, seule avec lui pour la première fois, et tellement tendue que j'en avais mal partout. Il avait fait un gros effort de « relookage » pour m'impressionner – méconnaissable, élégant, il trimballait même un parapluie, histoire d'avoir l'air d'un gentleman probablement.

Je pense qu'il a perçu tout le mépris que je ressentais pour lui. Chaque fois qu'il essayait de m'approcher, je prenais l'air dégoûté. Il profitait de la promiscuité du taxi, j'en étais malade. Jusqu'ici, j'avais toujours bénéficié du paravent masculin d'un frère ou d'un oncle entre lui et moi. Tant qu'elle n'est pas mariée, une femme ne doit pas être effleurée par un autre homme. Dans ce taxi, j'étais coincée, presque collée à lui. S'il avait fait un seul geste, je l'aurais giflé, alors que je savais très bien l'aboutissement de cette mascarade de mariage, et que je n'y échapperais pas.

Pour nous accompagner dans les bijouteries j'ai eu droit à une belle-sœur de Moussa, bourgeoise friquée, habituée à commander des bonnes, et qui m'a dévisagée, l'air hautain :

« C'est elle, la femme de Moussa ? »

Elle aurait pu dire aussi bien : « C'est *ça* ? » Si j'avais pu passer mes nerfs sur elle…

Venant de France, fille d'ouvrier, je n'étais pas grand-chose aux yeux de ces gens habitués à vivre à l'aise. Cette femme était professeur, son père recteur d'université, des intellectuels « caviar » en quelque sorte, devant une gamine de quartier plus habituée à faire la vaisselle qu'à être servie dans des plats d'argent.

C'était pourtant grâce à moi que Moussa allait obtenir un bien plus précieux que les plats d'argent de sa famille. Des papiers pour la France !

Impossible de manger, impossible de boire : plus le moment approchait, plus ma gorge se coinçait. Je n'avais pu avaler que deux gorgées de thé avant la tournée des bijoutiers. Mission : trouver la bague qui me plaise, mais surtout plaise à la belle-sœur ! On n'est jamais libre de choisir en fait, rien ne nous appartient. Il faut toujours que le cadeau plaise à quelqu'un d'autre. En réalité, la belle-sœur était là, je l'ai vite compris, pour que je coûte le moins cher possible. Riche peut-être le futur époux, radin sûrement ! Chaque fois que je voyais un bijou qui me plaisait, c'était non. Alors je me suis dit : « Ah, tu me veux ! Tu vas cracher ! Prépare ton portefeuille. »

Le bijoutier me donnait le prix et je faisais la moue :

« Vous n'avez pas autre chose ? Même un peu plus cher, pas de problème… »

Moussa attendait, en retrait, et la belle-sœur faisait la grimace devant une bague à quatre mille dirhams :

« Non, c'est démodé, prends plutôt ça. »

Elle essayait simplement de lui faire économiser deux mille dirhams. Mais je tenais tête, alors on changeait de bijoutier et devant la vitrine suivante la belle-sœur choisissait :

« Elle est pas mal, celle-là, je vais demander le prix. Attendez-moi là ! »

Elle ressortait, l'air décidé : « Elle est parfaite ! »

Et moi, dédaigneuse devant la vitrine : « Je suis désolée, elle ne me plaît pas du tout. »

C'était une jouissance de les faire tourner en bourrique tous les deux. Prise au jeu, je faisais la « diva ».

Qu'il paie le prix fort, l'argent était le nerf de cette petite guerre de bijoux entre lui et moi. Le seul terrain où je pouvais gagner, car il était véritablement radin.

J'étais contente de moi. J'ai choisi l'une des plus chères, un solitaire pour la bague de fiançailles, et une alliance avec des brillants. Presque six mille dirhams, c'est beaucoup au Maroc, plus cher que la dot !

Il m'était difficile de faire plus. Mais si j'avais pu aller chez Cartier ! Il m'aurait sûrement dit : «Retourne chez ta mère…» Il y avait aussi les bracelets, les boucles d'oreilles. J'ai pris les sept bracelets en or, ceux qui coûtent le plus cher, un autre, énorme, et les boucles d'oreilles assorties. Des babouches, et des caftans de toutes les couleurs, brodés d'or. Je sentais que, plus j'exagérais, plus son portefeuille faisait la gueule. De mon côté je devais, comme c'est la tradition, lui offrir son alliance. Mes cousines me l'avaient dit, mais je n'avais pas emporté d'argent avec moi, exprès.

Et normalement un bon musulman ne doit pas porter d'anneau d'or, il doit se contenter d'une alliance discrète en argent. J'ai choisi l'or à deux cents dirhams, au lieu de l'argent à trente dirhams… Et il a dû payer lui-même, puisque : «Désolée, je ne savais pas…»

De retour chez ma tante, je les ai plantés là sans dire au revoir ni merci. Odieuse.

Cette nuit-là, je n'ai pas pu dormir, j'ai pleuré dans les bras de ma tante, qui pleurait aussi :

«Je ne veux pas me marier.

— Si seulement je pouvais t'aider.»

Le lendemain, j'avais une tête affreuse. On m'a forcée à aller chez le coiffeur et au hammam. J'y suis allée toute seule, au mépris de toutes les règles. Je voulais au moins un peu de solitude avant la scène finale qui devait me lier à cet inconnu.

Ensuite, je me suis encore réfugiée auprès de ma tante, j'y étais momentanément en sécurité. Ma mère s'occupait des invités. J'entendais les youyous, ma belle-mère qui riait aux éclats ; tout le monde était content et trouvait bizarre que je m'isole ainsi et que je sois si triste.

Alors on m'a classée dans la catégorie des jeunes filles pudiques, la vierge émue de quitter ses parents. C'était plus pratique que de se poser des questions sur ma souffrance et mon refus trop visibles. J'étais le mouton que l'on mène au sacrifice le jour de l'Aïd ; après m'avoir parquée dans un coin, ils allaient sortir le couteau et m'égorger.

Tout se faisait sans moi, c'est normal. On met la fiancée à l'abri comme un trésor intouchable. On ne la montre au public qu'au dernier moment. Moussa est venu s'installer à côté de moi. Gênée, ma tante est sortie de la chambre, et sournoisement il a essayé de m'embrasser.

« Non, je suis désolée, on n'est pas encore mariés.

— Je ne te comprends pas... mais ça va te passer. »

Il avait l'air un peu agacé, mais il est parti et j'ai pu pleurer de nouveau, dégoûtée. Il croyait qu'il allait m'avoir avec ces bijoux, il avait dû se dire : J'ai payé... je peux la toucher !

Lorsque mon père est venu me voir à son tour, je l'ai supplié en lui embrassant les mains, le front, les pieds, je me suis aplatie, à genoux par terre :

« Papa, je t'en supplie, je ne veux pas me marier... papa, je ne veux pas me marier... papa, je ne veux pas me marier. »

Et je pleurais, prosternée à ses pieds comme une esclave devant son maître, c'était la dernière ligne droite avant l'irréparable.

« T'inquiète pas, ma fille, tout va bien se passer. »

Et il est reparti sans manifester la moindre émotion. Il ne m'aimait pas. Personne ne m'aimait. Je repensais à Kader, qui m'aimait, lui, et que j'avais repoussé comme une idiote, de peur de m'encombrer d'une belle-mère acariâtre, de peur d'affronter mes parents sur un petit problème de lieu de naissance... La belle-mère qui m'attendait en bas allait m'en faire voir de toutes les couleurs, et son fils aussi.

Kader... je ne serais pas dans cet état s'il était en bas, il était beau, Kader, tendre, attentif, et j'aurais été heureuse...

J'attendais, seule dans mon coin, qu'on vienne me chercher, tard le soir, habillée, coiffée, comme une poupée que l'on sort de sa boîte.

C'était une dépersonnalisation totale. Je n'étais plus moi. J'irais presque jusqu'à dire que la vraie Leila était morte. Il ne restait qu'une espèce de fantôme. Les tantes, mes cousines m'accompagnaient de leurs youyous. Ma petite cousine tenait un grand cierge allumé. J'ai baissé les yeux, je n'arrivais pas à regarder les gens autour de moi.

Tout le monde me détaillait, mon caftan, les bijoux que je portais – ceux que mon père m'avait offerts, je ne portais pas encore ceux de ma belle-famille. Et les femmes les comptaient, ces bijoux, elles estiment probablement ainsi le prix qu'un père attache à sa fille !

Pour l'occasion, ma mère avait tout déballé. Des bracelets, des bagues, je n'avais pas assez de doigts pour les porter toutes. Du henné sur les mains et les pieds. On m'avait parée, mais un minimum, car j'avais refusé le cérémonial habituel. Si j'avais suivi le protocole, c'était musique, chants, danse des jeunes filles autour de moi.

Il faut être heureuse pour apprécier la fête somptueuse d'une cérémonie marocaine.

Les Adouls ont lu le Coran. Ils avaient déjà installé le fauteuil à l'endroit où je devais signer le livre des actes de mariage. Je n'avais rien à dire. Devant eux, il ne s'agissait finalement que de signer un papier. Un maudit papier devant ces juges habilités à établir l'acte de mariage, seul document valable au Maroc.

Tout y est consigné d'avance en arabe : « La fille d'untel se déclare célibataire, vierge, et devient ainsi la propriété du fils d'untel, moyennant une dot de... »

Huit cent cinquante dirhams pour moi. Un dirham est supposé valoir un euro. Je ne valais pas très cher.

C'est au père que l'on demande : « Est-ce que vous acceptez de donner votre fille à cet homme ? », « Vous êtes d'accord pour le montant de la dot de huit cent cinquante dirhams ? »

« Le mari déclare que la fiancée est vierge à sa connaissance. Signez là ! »

Là, c'est une affirmation dont les hommes ne sont jamais certains. Et si la femme n'est pas vierge, pour avoir été mariée une première fois, le fait doit être consigné comme une tare : « Femme non vierge ».

Je trouve cette précision odieuse.

Le père heureux signe, puis sa fille, jamais la mère. Et enfin l'époux. On me tend un paquet de billets représentant la dot, que j'ai envie de jeter à la figure de Moussa.

Lorsque je repense à cette scène, je me demande toujours : « Pourquoi à ce moment-là, ta dernière chance, tu ne t'es pas levée pour dire merde à tout le monde ! Je ne veux pas de cet homme ! »

Un pourquoi permanent qui me poursuivra toute ma vie.

Moussa a signé avec un sourire de contentement. Mes mains tremblaient quand j'ai dû le faire à mon tour. Et le photographe a fait son travail. Il ne fallait surtout pas louper ce moment-là. J'étais détruite. L'une de mes jambes tremblait toute seule, je ne la contrôlais plus. Je me sentais vide à l'intérieur, je n'avais jamais ressenti un néant pareil. Mon corps était vivant, mais intérieurement j'étais morte. Pendant la séance photo obligatoire avec tous les membres de la famille, il fallait encore faire l'hypocrite et sourire, et je n'arrivais pas à sourire. Sur les photos, on ne voit qu'une fille en larmes.

La cérémonie a duré jusqu'à quatre heures du matin. J'ai changé de tenue pour porter l'un des caftans offerts par Moussa, avec les babouches brodées d'or. J'avais quatre petites filles d'honneur qui m'entouraient. Et les femmes plaisantaient : « Leila, tu vas nous faire que des petites filles. Tu sais ce qu'on dit ? On dit qu'une future mariée entourée par des petites filles donnera des petites filles à son mari. Ta mère, elle a fait que des garçons, toi tu ne vas faire que des filles ! »

On m'a installée sur un fauteuil au-dessus d'une table recouverte d'une nappe blanche, il était à côté de moi, sur un autre fauteuil. Le roi et la reine du jour sur leurs trônes respectifs.

Il a mis la bague à mon doigt, on m'a tendu le lait et les dattes, symbole de richesse et de fertilité.

Et c'est le seul instant de ce cauchemar où j'ai pu esquisser un sourire narquois. Le mari doit normalement croquer délicatement un petit morceau de la datte que la mariée lui tend. Il a tout avalé, ce bouffon. J'ai réprimé un fou rire nerveux, car les larmes menaçaient de s'en mêler.

Cette première cérémonie me liait définitivement à cet homme, j'étais fichue, réellement mariée ; pourtant, tout me paraissait faux et irréel, peut-être parce que j'avais encore le droit de le repousser et de garder ma virginité jusqu'à l'autre cérémonial, l'immense réception qu'organiseraient mes parents durant l'été. À l'issue de laquelle m'attendrait une nuit de noces sans amour.

Le coup du sort

J'aurais pu être la plus heureuse des filles et des jeunes mariées si, à la naissance, j'avais compris l'amour que me portait mon père.

Depuis l'adolescence, je passais ma vie à essayer de faire comprendre à mon père que, dans le respect de notre religion puisque nous sommes croyants, il pouvait me faire confiance. Je m'y prenais certainement mal pour en arriver là : « Laissez-moi tranquille, foutez-moi la paix, j'ai pas besoin d'un œilleton qui m'épie sans arrêt pour savoir comment je noue mes cheveux, à qui je parle et quels sous-vêtements je porte ! »

Comme Souria et tant d'autres jeunes filles, je sentais peser sur ma condition l'angoisse permanente de la féminité. Le corps de la femme est un péché de naissance, une fille n'existe réellement dans le regard de son père qu'en servante de la maison, prisonnière de sa chambre, et paquet-cadeau enrobé de virginité pour l'homme qu'il aura choisi. Je ne faisais pas partie, heureusement, de celles que l'on oblige à se voiler, ou qui choisissent le voile pour avoir la paix, mais ma vie était un enfer depuis toujours. J'avais lutté vainement, j'étais mariée.

J'en avais tellement honte que je n'ai rien dit à ma meilleure amie ni à personne, et que de retour en France j'ai continué à vivre comme si j'étais toujours célibataire.

Pourtant j'étais bel et bien piégée par le contrat de mariage devant les Adouls. Au Maroc, il fallait encore l'autorisation de l'homme pour divorcer. Le mari qui répudiait son épouse pouvait la jeter dehors sans revenus ni statut social, méprisée des autres, parfois privée de ses propres enfants – à elle de supporter la « honte » de sa famille et de sa communauté.

Une nouvelle loi vient de faire son apparition en 2004, décidée par le roi Mohammed VI : elle autorisera le divorce demandé par la seule épouse, avec la garantie de conserver ses droits. Mais à l'époque de mon mariage ce n'était pas encore le cas.

En admettant que je refuse de revoir ce mari imposé, ce qui était en principe possible (à condition d'en persuader mon père), Moussa pouvait donc entamer au Maroc une procédure appelée « retour au foyer conjugal ». Je serais recherchée, et le jour où je voudrais aller voir ma famille au Maroc, passer de simples vacances, je me retrouverais coincée à la douane, traînée devant le juge, et Moussa pourrait me récupérer, m'enfermer chez ses parents de force ou me répudier.

C'est ce que j'appelais la toile d'araignée, un labyrinthe dans lequel je cherchais vainement une sortie.

Moussa appelait régulièrement à la maison pour tâter le terrain et jouer au mari.

« Comment ça va ?
— Ça va.
— T'as besoin de rien ?
— Non. »

Je n'avais surtout besoin de rien de sa part. Il m'écrivait des lettres d'amour, en français, avec des « je t'aime », « tu me manques énormément »… Du très bon français, conventionnel, assez ridicule et protocolaire. Quand la lettre arrivait, mon père me la remettait solennellement, et ma mère insistait : « Il faut que tu répondes à Moussa ! Ça ne se fait pas de ne pas répondre ! Ça lui fera plaisir de recevoir des nouvelles ! »

Je répondais quatre lignes, un petit mot ridicule, plié en deux.

« Tout va bien, la famille te salue, ciao ! »

J'étais tranquille tant qu'il était loin, je travaillais de nouveau en usine, et un jour j'ai pris mon courage à deux mains pour dire à Souria que j'étais mariée. Je m'étais un peu éloignée d'elle pour éviter de le faire, mais nous avions toujours partagé nos malheurs comme nos petits bonheurs, et ma famille essayait maintenant, sous prétexte que j'étais mariée, de me séparer d'elle. On essayait de la dévaloriser à mes yeux, sa « réputation » n'était plus compatible avec mon nouveau statut.

« Maman, je sors…

— Où tu vas ?

— Prendre l'air, c'est tout !

— Tu ne tardes pas et tu ne vas nulle part ! »

Jolie phrase que celle-là. « Ne pas tarder tout en n'allant nulle part… »

J'étais vraiment programmée mais je ne cherchais même plus à me prendre la tête. Souria habitait à cinq minutes de chez moi dans le quartier.

« Leila ! Qu'est-ce qui t'est arrivé ? Est-ce que tu as été malade ?

— Non, non, le boulot et les prises de tête avec les parents… Ça change pas !

— Quand même, j'ai pas eu de nouvelles de toi.

— Je t'expliquerai, c'est plutôt compliqué. »

Avant de pouvoir discuter tranquillement en privé, je devais consacrer les cinq minutes de protocole obligatoire à sa mère et à ses sœurs.

Souria me chuchotait des nouvelles de son petit copain qu'elle voyait toujours en cachette. Je restais silencieuse devant le récit détaillé de sa double vie et, au fond, je l'enviais d'en avoir le courage.

Nous faisions toujours attention à ce qu'il n'y ait personne derrière la porte de sa chambre à écouter. C'est un des jeux préférés des parents, écouter ce que leurs filles se racontent.

Souria allait bien et travaillait, elle avait passé son permis et acheté une voiture. C'était le maximum de la liberté. Je l'écoutais en me disant : «Voilà… je suis morte, pour moi c'est fini tout ça ! Elle en a bavé, mais elle s'en sort et moi pas. »

« T'es bizarre, Leila, t'es vraiment bizarre. Mais qu'est-ce que tu as ? Tu vas te décider à me dire ce que tu as ? Tu as changé, même ton expression a changé ! D'habitude, tu tchatches, tu rigoles. J'ai l'impression que ce n'est pas la Leila que je connais. »

Je ne savais pas par où commencer pour avouer ma défaite.

« Tu sais, je suis partie au Maroc.

— Mais pourquoi tu me l'as pas dit ? Et pourquoi t'as été au Maroc en hiver ?

— Ben… en fait… je me suis mariée.

— Attends, répète au ralenti…

— Souria, je me suis mariée.

— Tu te fous de ma gueule ?

— Non, Souria, je me suis mariée. »

Et je me suis mise à chialer de honte. Je venais de dire que «je» m'étais mariée comme si c'était moi qui l'avais voulu, et non «mes parents m'ont mariée». Mais elle n'était pas dupe.

« Mais tu l'as sorti d'où, ce gars-là ? Tu ne m'en as jamais parlé ! »

J'ai poursuivi dans le mensonge.

« C'est un mec que je rencontrais tous les étés, je sortais un peu avec lui et je suis retombée dessus cette année, et puis voilà… il m'a demandée en mariage.

142

— Ouais, mais bon, tu ne m'en avais jamais parlé de celui-là…

— Une histoire d'été, ça durait depuis longtemps. »

Elle me regardait en fronçant les sourcils, essayant de se convaincre qu'il s'agissait bien d'amour, mais je n'avais pas prononcé les mots magiques, et les larmes me montaient aux yeux malgré moi.

« Mais tu es contente quand même ?

— Bien sûr, je suis contente. »

C'est terrible cette honte qui nous colle aux baskets. Honte d'être battue, honte d'être enfermée, honte d'être mariée. Honte de mentir aux gens heureux. *Honte* de ne pas trouver le courage et les moyens de dire merde et de claquer la porte à vingt ans.

Souria a fait semblant de me croire et n'en a pas demandé plus.

Et lorsque sa mère a vu les traces de henné sur mes mains et la bague à mon doigt, elle ne s'est pas privée de jubiler devant sa fille :

« Ah, félicitations, tu t'es mariée ? Je vais appeler ta mère pour lui dire félicitations ! T'as vu, Souria ? T'as vu Leila, elle s'est mariée, elle ! »

L'air de dire : elle au moins, on ne pourra pas dire du mal d'elle, comme toi.

Le père de Souria était à la mosquée en permanence, il ne voyait rien de ce que faisait sa fille dans la journée, mais le soir il la traquait sur tous les détails : le maquillage, les vêtements, la coiffure, et ses frères en rajoutaient. L'un d'eux la surveillait officiellement depuis qu'elle avait été attachée sur son lit, pour faute grave, et elle était toujours sur le qui-vive à cause de lui. Mais Souria n'avait pas le même caractère que moi, nous n'avions pas eu la même enfance et finalement elle survivait assez gaiement dans ce monde d'inquisition.

« Leila, te prends pas la tête ! »

C'était sa formule favorite, alors que je me prenais la tête justement depuis des années, à en devenir dingue. Je voulais demeurer «demoiselle» le plus longtemps possible, surtout à l'usine, je «me» mentais comme je respirais. Même lorsque Moussa a débarqué pour deux mois, à la maison, je le considérais comme inexistant. Genre un cousin de la famille. Ma mère me disait sans cesse :

«Va voir ton mari !

— Mais je ne suis pas encore mariée avec lui. Au fait, la virginité, quand est-ce qu'on la donne ?

— Le jour du mariage.

— Donc, je suis désolée, je ne suis pas encore mariée avec lui.

— D'accord. Et surtout fais bien attention, tu ne lui donnes rien avant le jour du mariage. S'il essaie de te dire que tu es sa femme, tu ne l'écoutes pas !

— Non, non, t'inquiète pas, maman. »

Encore une contradiction. «Va voir ton mari... mais s'il veut que tu sois sa femme, c'est non ! »

Si mes parents étaient d'accord avec moi sur ce point, pour une fois, c'est que l'époux sur le papier pouvait encore changer d'avis après avoir profité de moi, et me répudier. Pendant cette période, l'argument m'aidait à me tenir éloignée de lui. Car il n'a pas manqué de me proposer de dormir ensemble.

«Tu es ma femme maintenant, qu'on le fasse tout de suite ou plus tard, c'est pareil... »

Ce jour-là je suis devenue sadique !

«Tu as des sentiments pour moi ?

— Oui...

— Ton amour est tellement fort que tu serais prêt à m'embrasser les pieds ?

— Oui, je suis prêt à t'embrasser les pieds, tout ce que tu veux...

— Vas-y, chiche ! »

Il l'a fait, ce bouffon! Ma mère est entrée dans le salon à ce moment-là.

« Tu te rends compte? Un homme qui t'embrasse les pieds, c'est vraiment qu'il t'aime très fort! »

Pauvre maman. Je ne croyais pas une seule seconde au soi-disant amour de Moussa. Mais à l'époque, et à leur décharge, mes parents n'imaginaient pas qu'il ne m'épousait que pour les papiers, il leur tenait le même discours qu'à moi : « C'est elle qui choisira, on vit en France ou au Maroc. » Déjà, il ne parlait plus de l'Espagne où il avait dit avoir travaillé. J'ai toujours ignoré ce qu'il y avait fait; en tout cas, il n'avait pas de carte de séjour là-bas.

Je l'ai envoyé dormir ailleurs, mais il revenait assez souvent à la charge, et comme une fille ne parle pas de « cela » à son père (ce serait « honteux »), il savait que je ne me plaindrais pas. À moi de me débrouiller pour lutter contre ses avances.

« Je ne suis pas encore ta femme, alors ne me touche pas! Le jour du mariage, si ta mère me demande de montrer le sang, je fais quoi ?

— Mais non, t'inquiète pas! C'est moi qui décide, personne d'autre ne décide. »

Heureusement, nous n'étions pas souvent seuls. Je travaillais toujours, mais en journée. Il n'y avait plus de travail de nuit, je pointais en alternance, un matin, ou un après-midi. Le matin je partais à quatre heures et demie, je rentrais à une heure et demie. L'après-midi, je partais à midi, je ne rentrais qu'à neuf heures du soir. Mais dès qu'il revenait à la charge, la perspective de la fameuse « nuit de noces » me terrorisait. Je « zappais » comme toujours sur le malheur qui m'attendait.

Le mariage au Maroc, avec grande cérémonie et réception, était prévu pour les vacances, puisque mes parents n'avaient pas eu le temps en hiver de l'organiser. La réception de mariage coûte toujours une fortune chez nous, les familles s'endettent traditionnellement pour le rendre inoubliable. Pour certaines filles, il est possible que ce soit le plus beau jour de leur vie. Mais dans l'état d'esprit où je me trouvais, je ne voyais dans ce cérémonial que les côtés négatifs.

C'est là que l'on décortique tout : la mariée, le marié, comment ils se sont rencontrés, comment sont les plats, les bijoux, les robes. Les invités veulent tout savoir pour le raconter ensuite. C'est la critique en permanence, quoi que l'on fasse. On pourrait les servir dans des plats en or, qu'ils trouveraient toujours quelque chose à dire, jusqu'à la façon dont le pain est coupé.

Ils dissèquent tout. Si le marié ou la mariée est inconnu de la communauté, c'est encore pire. On les examine cheveu par cheveu. Il est beau, elle est moche, ou l'inverse, et finalement la sanction tombe. C'est un bel homme, c'est un « boudin ». Et les familles sont estimées à l'argent dépensé.

Ainsi se font les réputations, ce que l'on a dit de ce mariage court d'une famille à l'autre, les ragots filent comme des serpentins. Et il en revient des réputations parfois épouvantables pour les mères de famille. Car ce sont elles qui ont la responsabilité de la « vitrine ».

« Tu te rends compte, la femme untel elle a fait un mariage minable ! Moi, à sa place, franchement j'aurais rien fait du tout, parce que, honnêtement, ça a été le bazar toute la soirée… »

Ou alors : « Elle l'a fait à la française, elle aurait mieux fait de ne rien faire du tout ! »

À la française, c'est une certaine forme de simplicité, à la marocaine, c'est un genre de « Mille et une nuits » !

En attendant la grande cérémonie de consécration qui mène à la nuit de noces, j'avais donc résisté facilement aux pressions sexuelles de l'époux de papier, mais finalement j'ai «pété les plombs». En français dans le texte : je me suis écroulée nerveusement.

Le déclencheur en a été un triste événement. Une de mes amies d'enfance a perdu son père, et je respectais énormément cet homme. Lors de la visite traditionnelle de condoléances, je me suis trouvée pour la première fois en présence d'un mort. Je connaissais cet homme depuis ma naissance. J'ai eu le sentiment qu'un monde ancien, fait de tous les espoirs, disparaissait avec lui.

La famille d'un défunt reçoit toujours beaucoup de monde, on sert le thé dans un va-et-vient incessant de visiteurs, et toutes les filles aident au rangement et à la vaisselle. Sans le réaliser, je me suis mise à ranger, laver, essuyer comme une forcenée. Dès qu'il y avait un verre, j'avais besoin de laver, laver, laver. À un moment donné, je me suis dit : «Je deviens folle!»

Personne ne se rendait compte que je n'étais pas bien, je commençais à avoir des vertiges, l'impression d'étouffer, un besoin de prendre l'air.

J'essayais de rire de mon mal-être avec une copine : «Mina! J'ai un pep d'enfer! On a dû me doper comme les cyclistes!»

Elle riait aussi mais me trouvait blanche... Elle m'a entraînée dans le hall de son immeuble pour me permettre de me reposer mais, assise sur les escaliers, je me suis sentie de plus en plus mal. Ma tête s'alourdissait, elle devenait trop lourde pour que je puisse la tenir droite.

«Mina, je suis pas bien, je suis pas bien...

— Arrête, arrête, tu commences à me faire flipper.»

Elle a commencé à plaisanter en parlant de djinns, des esprits de la mort qui me prenaient la tête...

J'ai soudain été prise d'un rire hystérique, avec la sensation très nette de perdre pied dans la réalité, j'étais folle, on m'avait pris mon cerveau, mes jambes ne me portaient plus, on m'avait détruite, cette fois je ne pouvais plus résister pour vivre, j'étais arrivée au bout.

Mina, prise de panique en me voyant décomposée, m'a ramenée à l'intérieur. Je suis allée dans la salle de bains me passer de l'eau sur le visage, en avançant comme un zombie, les épaules lourdes traînant ce corps qui ne voulait plus supporter ma tête.

C'est en relevant cette pauvre tête de dessus le lavabo que j'ai eu la sensation, alors que je n'avais pas bougé de ma place, qu'un coup de vent me projetait contre le mur et me faisait retomber à terre. C'était d'une violence incroyable. Et je suis tombée, recroquevillée sur moi-même, en position du fœtus, incapable de parler, alors que je criais ! J'avais la certitude que ma bouche n'était plus à sa place, mais de travers ! C'est ce qui m'a traumatisée le plus. Et aussi le fait que je ne sentais plus mes pieds. C'était une crise de tétanie, la première de ma vie ; elle a duré le reste de la journée et une nuit entière, car personne n'a appelé de médecin.

Ils ont cru que j'étais victime des esprits. L'imam a lu le Coran, on jetait de l'eau sur moi pendant que je délirais, tout le monde me croyait possédée…

Je parlais effectivement des morts dans mon délire, disant qu'ils étaient autour de moi, qu'il fallait donc les empêcher de me prendre mon âme.

Avec du recul, je pense qu'inconsciemment j'avais envie de mourir à ce moment-là, et qu'on me délivre de cette vie qui me refusait la paix et le bonheur de mon âge ! Je n'ai pas cherché à comprendre davantage, ni à faire de la psychologie à dix francs, il aurait fallu que je me fasse soigner, et c'était hors de question. Les esprits ne sont pas consultables par un médecin…

Mina m'a raconté tout cela car je ne me souviens de rien, à part cette tornade qui m'a projetée à terre, me privant de mes pieds, la bouche tordue, le corps recroquevillé.

Quand je me suis réveillée, j'étais encore terrorisée d'avoir connu cette horreur, j'espérais ne jamais la revivre. Hélas! elle est revenue plus tard.

Je me croyais folle. J'avais honte d'aller voir le médecin car il aurait posé des questions, cherché à savoir ce qui n'allait pas dans ma vie, et il connaissait mes parents, toute la famille. Il ignorait qu'on me mariait de force et j'avais peur que mes parents ne soient mal jugés s'il diagnostiquait que mon « mal » venait de là.

Je m'emprisonnais moi-même dans la honte et l'humiliation, incapable d'envisager que quiconque puisse m'aider et me sauver depuis l'extérieur. C'est ce que ne comprennent pas les Français non musulmans. Eux font appel à la médecine – dans mon cas on aurait évoqué une réaction psychosomatique, une dépression, un manque de calcium et de magnésium ou le besoin d'une aide psychologique –, alors que ma famille est encore à des milliards d'années de l'envisager. Nous sommes encore nourris malheureusement des djinns, des sorts, des diableries qui envahissent le corps des femmes en révolte.

Ma crise ne portait pas de nom médical à ce moment-là. À mon avis je devenais simplement folle, de l'avis de ma famille les esprits voulaient ma peau.

Après étude de mon cas, l'entourage a tranché : elle est fiancée, pas encore mariée, elle n'aurait jamais dû entrer dans la maison d'un mort. Une vierge est une proie facile pour les mauvais génies.

Ils veulent la posséder. On dit même qu'un génie peut « épouser » le corps d'une vierge.

Il y a les génies hommes et les génies femmes. On leur fait faire ce qu'on veut ! Quelqu'un qui pète les plombs, qui a besoin d'un psy, c'est : « Le pauvre, il est possédé. » C'est culturel. Il y a des psychiatres au Maroc, mais pour les grands fous, ceux qui sont enfermés à l'asile psychiatrique. Les autres, ceux qui dépriment à mort au point de ne plus parler et de se laisser mourir, ceux-là sont possédés.

C'est donc à ma mère que les autres femmes en ont voulu : « Pourquoi tu l'as laissée entrer ? Pourquoi tu l'as laissée embrasser le front du mort ? »

J'ai dû arrêter de travailler, je n'en pouvais plus. J'étais devenue anorexique, je ne buvais même plus, je faisais des crises de nerfs deux à trois fois par semaine, alors je me suis décidée à aller voir le médecin, presque en cachette. Motif : fatigue. Verdict : dépression. Les antidépresseurs m'ont aidée à refaire surface d'une drôle de manière. Je planais. Donc, je ne me préoccupais plus de rien. J'étais bien dans mon monde cotonneux, je me foutais du reste. Je dormais tout le temps, j'étais contente, mais plus du tout lucide, défoncée. Et j'ai encore maigri. Je ne ressemblais plus à rien, il me restait la peau et les os. J'avais dit à mes parents que le médecin m'avait donné des vitamines. Une dépression nerveuse, ils n'auraient pas admis. Et je craignais que mon père puisse me retirer ces médicaments, cette potion magique qui me libérait. Pour lui, un antidépresseur est une drogue. Un déprimé, ça n'existe pas.

Alors j'étais obligée de mentir, de planquer les pilules qui m'aidaient à retrouver le nord. Mais j'étais tellement « à l'ouest » que je ne me rendais plus compte de rien. Et un jour j'ai fait une crise absolument démente. Mes parents m'avaient installée dans leur chambre, pour que je sois tranquille. Cette chambre maudite qui me rappelait des souvenirs humiliants. Et les gens défilaient à la maison comme chez une mourante, sous prétexte de prendre de mes nouvelles. Ils voulaient voir de leurs yeux si les génies m'avaient dévorée ou non. J'étais donc couchée et, comble de malheur, juste en face de moi, la robe de mariée était pendue sur un cintre après la porte. Autour de moi, étalés, tous les cadeaux de mariage pour ce fameux matin où je deviendrais femme !

Je regardais fixement cette robe de mariée qu'on avait payée très cher. Je suis allée dans la cuisine comme un zombie, j'ai pris un couteau... je voulais tuer cette robe ! Mais ma mère m'a vue et m'a suivie dans la chambre. J'avais déjà la robe en main pour la déchiqueter lorsqu'elle a bloqué mon bras en appelant mon père au secours. Ils se sont mis à cinq ou six pour me maîtriser, me tenir les jambes et les bras. Je tapais sur tout ce que je pouvais, je ne voyais plus clair, je ne voulais qu'une chose : déchirer cette putain de robe de mariée ! Qu'elle meure et que je la voie plus !

Cette fois, j'étais nettement victime de magie noire. Je passais des génies au « sort », ce sort qui règne en maître chez nous et dont tout le monde parle en chuchotant, certain qu'il existe. On ne savait pas qui me l'avait jeté, il fallait donc me remettre entre les mains d'un exorciseur, l'homme capable de m'en débarrasser.

Des tas de gens se déclarent ou sont déclarés victimes de sorts divers. Qui les jette ? Une belle-mère qui veut se débarrasser de sa bru, une servante qui veut épouser son patron... en la matière, il y a le choix. Dans mon cas, j'aurais été bien en peine de soupçonner quelqu'un.

Mais il était clair pour mon entourage que la vraie Leila n'existait plus. Je n'arrivais plus à contrôler mon cerveau ni mon corps, un diable en avait pris possession.

En attendant, la robe de mariée a été mise à l'abri, sauvée de justesse, et finalement je me suis calmée puis endormie d'épuisement. Mais ma mère m'a raconté que je m'étais levée dans la nuit et qu'elle m'avait retrouvée sur le balcon, prête à passer par-dessus. Heureusement, elle me surveillait. Mon père a bouclé le balcon et on ne m'a plus lâchée d'un œil.

C'est ce jour-là que mon père est tombé sur mes médicaments en fouillant mes affaires. Il a appelé le médecin, qui lui a dit sérieusement :

« Monsieur, votre fille est en dépression grave, elle a absolument besoin de ces médicaments.

— Non, c'est une drogue ! Il est hors de question que ma fille prenne ce genre de saletés, ça n'a rien à voir avec ça. »

Le médecin n'a rien pu faire.

Je n'étais plus dans la réalité. Je voyais vaguement les choses se faire autour de moi, avec l'impression d'être morte et que personne ne s'en doute. J'étais enfermée dans un tombeau, la mouche ne voyait même plus au travers du verre, trop c'était trop. Plus le mariage approchait, plus je devenais folle. Il me manquait l'instinct de survie et la vraie colère qui sauvent. Je fuyais dans la folie dépressive. Le lende-main, j'ai refait une crise, et je n'avais plus de médi-caments. Dans mon corps on était deux. Un vrai dédoublement de personnalité.

Tout ça se passait quelque temps avant le grand mariage au Maroc, Moussa allait venir nous cher-cher. Pour mes parents, la priorité absolue était de faire attention à ce qu'il ne soit pas au courant de mon état. Il aurait renoncé en me répudiant. J'au-rais peut-être été sauvée d'un grand malheur, mais au prix de la honte de mes parents. Répudiée, divor-cée, peu importe, ce serait inscrit dans le grand livre des Adouls, et plus personne ne pourrait jurer que la fille était vierge !

Mais je ne pensais même pas à ça. Je criais dans le silence, dans le désert : « Je ne veux pas me marier avec cet homme ! » Et personne ne m'entendait.

J'avais coupé les ponts avec toutes mes amies. Je voyais Souria de moins en moins. Avant ce mariage, je voyais du monde, je riais, je me débrouillais pour vivre. À cette époque je m'isolais, je me recroquevillais sur moi-même.

Et les crises étaient de plus en plus fréquentes. L'une d'elles s'est déclenchée contre mon père. Il venait de tenter un geste affectueux en me prenant contre lui sans rien dire. Je ne saurais jamais ce qu'il pensait, ou ce qu'il n'arrivait pas à me dire, je me suis mise à hurler :

« Ne me touche pas, ne me touche surtout pas ! »

Je l'ai repoussé avec une force incroyable, alors que je pesais une plume.

Et je m'en suis voulu plus tard, car c'était ce que j'avais toujours cherché, que mon père me prenne dans ses bras, me console, me protège, qu'il montre son amour paternel autrement qu'avec un manche à balai, des interdits ou des obligations.

Mais c'était trop tard. Je l'ai repoussé en hurlant à la mort. Et je me suis réellement comportée comme une possédée du diable ! J'éclatais de rire, je pleurais, je hurlais : « Maman ! Papa ! »

Est-ce que je les appelais au secours ? Est-ce que je les repoussais ? Je ne sais pas.

Si seulement mon père s'était assis simplement à mes côtés en disant : « On va tout laisser tomber. Je ne te marie plus… »

Mes frères et ma mère sont arrivés à la rescousse, ils se sont tous jetés sur moi pour me maintenir par terre. Je hurlais et ricanais en même temps, j'avais la sensation physique de m'enfoncer sous terre, comme si j'étais aspirée. Une amie de la famille, infirmière, en me voyant dans cet état, a dit à mon père :

« Il faut absolument l'emmener à l'hôpital, elle est complètement déshydratée, et d'autre part elle fait visiblement une crise d'hystérie.

— Mais non, mais non, il n'y a pas de souci, on s'en occupe. »

Aussitôt, ma mère est allée dans la cuisine préparer à manger pour me faire avaler de force. Rien à faire. Je me laissais mourir, et l'infirmière le voyait bien. Mais mes parents refusaient de m'emmener à l'hôpital. Pour eux, les médecins ne pouvaient pas me guérir.

C'était grave, mais je ne peux pas leur en vouloir aujourd'hui. Mon état était inaccessible à leur compréhension. Ils ont grandi dans cette culture, cette tradition, et ils faisaient ce qu'ils pouvaient en croyant bien faire. Sur le moment, je n'aurais pas dit ça. À maintes reprises j'ai ressenti haine et colère, et je les détestais. Je me sentais mourir d'inanition, de désespoir et de révolte impuissante.

Je me voyais partir, j'ignore si quelqu'un au monde a pu ressentir cette sensation vertigineuse de la mort qui vous entraîne, cette peur affreuse de disparaître sous terre.

Les voisins aussi sont montés à la rescousse. Une fille dans leur famille avait pété les plombs parce qu'on l'avait mariée de force. Ils connaissaient le problème ! Et ils l'avaient amenée chez un imam guérisseur. Il fallait donc m'y conduire sur-le-champ. Là, on abordait l'irréel et pourtant c'était bien la réalité. Mon père m'a portée sur ses épaules. Comme un sac. Il souffrait, je l'ai vu, car il pleurait. Mais c'était trop tard, pour moi j'étais devenue folle, haineuse, il m'avait détruite, il s'acharnait encore à me détruire. Les larmes de mon père ne me touchaient même pas.

154

Je me suis retrouvée dans la maison de ce fameux imam, qui s'est occupé de moi immédiatement.

Il m'a fait entrer dans une chambre et a laissé mes parents à la porte. Il savait ce qu'il faisait, et je préfère le dire avant que l'on confonde cet homme avec un véritable imam : malheureusement pour moi et toutes les femmes et les jeunes filles qu'il a manipulées, ce soi-disant religieux n'était en réalité qu'un sale escroc.

Il m'a fait allonger par terre. Il a pris un sabre. Il m'a demandé de me découvrir le ventre, puis le bas-ventre. Jamais un religieux n'aurait fait ça. Mais il se savait à l'abri puisqu'il œuvrait à huis clos, et que les filles ne parlent pas de « ces choses ».

Il a appuyé le sabre sur mon ventre, avec force, presque à me couper la peau, en invoquant je ne sais quoi. Je ne comprenais rien à ce qu'il disait. Il a mis de l'herbe dans un brasero pour faire de la fumée, puis il s'est mis à cheval sur ma poitrine, et a commencé à me gifler systématiquement avec violence, tout en criant en arabe.

« Tu vas sortir de son corps ! Es-tu musulman ? Es-tu juif ? Es-tu chrétien ? Es-tu athée ? »

Et il continuait à me gifler à tour de bras, une gifle, une injonction…

« Sors de son corps ou je te brûle ! »

Cette fois, il a pris une braise avec une longue pince et menacé mon ventre.

Je ne sais pas comment, à cet instant, j'ai eu une lueur de lucidité. Je n'en pouvais plus, mon visage était violacé de coups, je portais la trace de ses grosses mains de malade, mon nez était tout bleu, il me tapait dessus comme jamais même mon propre père ne l'avait fait. Et en plus, il était payé pour faire ça. Mais il voulait me brûler le ventre et je voyais la pince, la braise rouge qui allait me griller, tandis qu'il gueulait : « Sors de son corps ! » Alors j'ai crié :

« *Oui, oui !* »

Comme si je prenais la place du génie.

C'était instinctif, je n'avais plus ma tête. Je me défendais comme je pouvais.

« T'es sûr, t'es sûr que tu vas sortir de son corps ?

— Oui… oui… je sors ! »

C'était de la folie ! Il croyait vraiment qu'il parlait à un génie ?

Pour me sortir de ses sales pattes, je n'avais qu'une issue, jouer le jeu. Sinon j'étais fichue. J'avais peur de la mort, peur de la souffrance, peur qu'il ne me brûle, qu'il ne continue à frapper. Alors je me suis redressée, mise debout, j'ai marché et il m'a laissée sortir de cette chambre.

Ça ne m'a pas rendu service, cette histoire de démon. Ma mère, qui y croyait dur comme fer, m'a accueillie en larmes :

« Ah, ma fille, je retrouve ma fille ! »

Ce salopard était tombé sur un porte-monnaie, ma mère lui a donné mille francs.

« Est-ce qu'il faut qu'on vous la ramène ? »

Il n'allait pas dire non, bien sûr. J'étais un peu plus lucide après cette folie, mais toujours épuisée. Je marchais tout doucement, je supportais mal le moindre bruit, mais je voyais qu'il était arrivé du monde dans sa salle d'attente, elle était pleine de porte-monnaie consentants.

Mon père attendait avec le voisin et sa fille, Azra. En me voyant sortir, elle est tombée dans les pommes, et l'escroc en a profité pour dire à son père :

« Ta fille est toujours possédée, il faut que tu me la ramènes ! »

J'étais massacrée, je ne me suis pas reconnue en me regardant dans la glace. Mais on m'avait emmenée chez ce fou en me portant comme un sac, et au retour je marchais… donc le fou avait gagné. J'avais subi une humiliation de plus, et je devrais y retourner pour une guérison complète.

Je ne voulais voir personne. Je ne mangeais toujours pas, je ne buvais presque pas, mon corps avait décidé de se laisser mourir. Le surlendemain, on m'a obligée à me lever pour retourner chez l'imam.

Mais là, je savais de quoi il était capable et je m'accrochais à ma cervelle pour rester lucide.

« Alors comment ça va ?

— Ça va. »

Alors il s'est adressé à mes parents, qui bien entendu lui avaient tout dit sur moi :

« On lui a jeté un sort pour qu'elle refuse son mari ! Je vais m'en occuper. Mais la prochaine fois, il faudra m'apporter un coq noir pour l'égorger. Vous emmènerez votre fille sur un pont pour qu'elle le jette elle-même dans le courant ! Qu'elle tourne le dos au fleuve et le jette en arrière ! »

Je me voyais mal sur un pont de la Seine balançant un coq sanglant par-dessus ma tête.

Et je me suis retrouvée enfermée avec lui dans cette pièce, meublée d'un grand lit.

Il parlait, discutait tout seul, je n'avais qu'une hâte, celle de sortir de là. Soudain :

« Allonge-toi !

— Non, non, ça va… j'ai pas besoin de m'allonger. »

Je me suis assise sur un coin du lit, méfiante. Il s'est planté en face de moi.

« Lève-toi maintenant. Tu l'aimes, ton mari ?

— Évidemment je l'aime.

— Tu es certaine ? Moi non. On t'a fait quelque chose pour que tu le détestes. Maintenant je vais faire que tu l'aimes. Tu vas me regarder, et tu vas voir en moi ton futur mari. »

Il s'est rapproché de moi, me serrant de près.

« Est-ce que tu vois en moi ton mari ? »

Il se frottait contre moi, debout, je sentais son odeur, son sexe. Il m'embrassait sur la bouche.

J'étais paralysée de trouille et je ne pouvais pas crier! De toute façon, il y avait quinze personnes et mes parents dans la salle d'attente. Crier quoi? Au viol? Personne ne m'aurait crue, ce genre d'escroc ne viole pas une fille, il sait qu'elle doit rester vierge, mais rien ni personne ne l'empêche d'en profiter, en demandant des honoraires en plus. La fille ne sortira jamais de cette chambre en courant pour dire à ses parents: «Il m'a touchée!» Un imam?

C'était humiliant au-delà du supportable; ce vieux bonhomme dégueulasse avec sa djellaba blanche, son turban, ce prétendu religieux que mes parents croyaient au point de me confier à lui sans le connaître, était en train de me faire subir ce que l'on appelle clairement une agression sexuelle. Au nom de quoi? Pourquoi moi? Encore moi? Mais qu'est-ce que je leur avais fait à tous ces hommes?

Il m'a ordonné ensuite de m'allonger et il a refait son cinéma avec le sabre au-dessus du bas-ventre. Pauvre mec! Avec le recul, je me dis qu'il ne pouvait que se frotter comme un porc et me mater comme un vieux vicieux, c'est tout. Mais en attendant j'ai dû subir l'outrage en silence, et je lui aurais bien coupé la gorge. J'avais repéré dans sa salle d'attente une gamine de quatorze ans, avec ses parents. Je les avais entendus dire à ma mère: «On lui a jeté un sort pour qu'elle fréquente, qu'elle salisse l'honneur de ses parents et perde sa virginité...»

Une autre était là parce que son mari l'avait quittée, elle voulait un «sort» pour qu'il revienne...

La pauvre gamine allait certainement y passer comme moi, et d'autres, mais il ne s'attaquerait probablement pas à une femme mariée. Quoique...

J'ai ravalé ma haine:

«C'est bon, on peut appeler mes parents.»

Je n'en ai jamais parlé à personne, ce type avait tous les pouvoirs. Il allait à la mosquée, dirigeait la prière, c'était officiellement un bon musulman et un intégriste convaincu. Si j'avais osé l'accuser, je me mettais en danger. Quoi qu'il arrive, quoi qu'on nous fasse, il faut se taire, et ils le savent. J'ai croisé le regard de cette gamine en sortant de cette chambre où elle entrait à son tour : il allait lui faire la même chose. J'en aurais vomi de dégoût et de honte. Cette pauvre fille ne cherchait qu'à sortir, à respirer comme je l'avais fait.

J'ai dû subir cet obsédé pendant cinq séances !

Pour la troisième séance, il m'a fait boire une espèce de potion, trois bouteilles de deux litres que je devais avaler sans vomir. J'ignore ce que c'était, de l'eau marron avec des herbes, amère, immonde ! J'ai vomi toutes mes tripes, malade comme un chien. La quatrième fois, il a recommencé son cirque :

« Est-ce que tu vois en moi ton mari ? »

J'ai dit oui très vite...

Ensuite, il a égorgé le coq dans sa cour, le sang a coulé dans un seau, il a trempé ce pauvre coq dedans, et il a dit à mon père de m'emmener sur un pont pour exécuter le rituel.

À ma mère il a dit :

« Toi, tu vas prendre un seau, et tu vas me laver la cour et la maison du premier étage au rez-de-chaussée. »

Le sort devait partir avec l'eau de la serpillière. Il était malin, ce « sort », il se planquait partout. L'escroc s'offrait en plus une femme de ménage qui le payait !

En sortant de là, mon père s'est mis en quête d'un pont où balancer le coq ensanglanté. Pas facile de faire ce genre de chose discrètement. Il y avait toujours du monde quelque part, même en grande banlieue. Tout le monde avait la trouille. Même mon père. Il s'est enfin garé dans un coin à peu près désert et m'a fait descendre toute seule. Je marchais en tenant le coq par les pattes, guettant les environs, et j'ai fait vite en le balançant dans la Seine.

Je me revois sur ce pont, pauvre fille effrayée, démantelée, maigre, fantomatique, balancer ce truc immonde…

Depuis je suis capable d'en rire, me disant que je l'ai peut-être jeté trop vite…

Entre-temps, le futur époux définitif était arrivé, installé à la maison, et pour la cinquième séance Moussa nous a accompagnés, l'escroc ayant émis la nécessité de voir sa tête. Heureusement, Moussa n'était pas dupe. Je ne l'aimais pas, mais je reconnais qu'il était au moins lucide sur ce point. Il a quand même joué le jeu. L'autre lui a fait une sorte de sermon :

« Fais attention, tu t'occuperas bien d'elle, c'est une fille de bonne famille.

— Oui, oui, d'accord. »

J'avais envie de lui sauter à la gorge et de le marteler de coups de poing. Une fille de bonne famille dont tu as profité, espèce de vieux pervers ! Moussa le regardait d'un air goguenard. Il a vu ma mère lui donner l'argent et lui a tapoté l'épaule :

« Je vois qu'il a trouvé les bonnes poires… »

Il avait bien vu que j'étais dans un triste état physiquement, et je crois même qu'il a eu un peu pitié de moi. J'étais méconnaissable, il l'a dit à mes parents. Mais il n'a pas renoncé pour autant.

À aucun moment il n'a pu imaginer ce que ce malade m'avait fait subir. Je ne pouvais pas le lui dire non plus. Et de toute façon, je crois qu'il m'aurait épousée sur une civière…

La dernière recommandation du sorcier, qui voyait bien que le futur mari ne croyait pas à ses sornettes, était destinée à lui flanquer la trouille. Il a dit à mes parents :

« Il y a un sort entre eux deux et il se pourrait bien qu'ils se séparent après le mariage, si vous ne faites pas ce que je vais vous dire. Quand vous égorgerez le mouton le jour des noces, vous garderez sa tête et vous la planterez dans la salle du mariage, en hauteur, de façon à ce qu'elle soit dirigée en permanence sur le couple. Vous mettrez ce papier dans la gueule du mouton, sous la langue, pour qu'ils soient protégés tous les deux. »

Dans le salon du grand hôtel que mon père devait louer pour la circonstance, j'imaginais cette tête de mouton sanglante à la langue pendante, ornée d'un talisman de papier sur lequel il avait écrit le diable sait quoi. Tout ça était un mélange de sang, de sexualité, de connerie, de morbidité complètement dingue. Même au Maroc je n'avais jamais entendu une histoire pareille !

J'avais beau être cassée physiquement et moralement, je ne me suis pas retenue de rire quand ma mère a dit en sortant :

« Il faut qu'on le fasse, il faut qu'on le fasse.

— Mais c'est n'importe quoi !

— Non, il faut que tu y croies pour que ça se passe bien. »

Elle a toujours cru dur comme fer dans les pouvoirs de ce voleur. Elle a même essayé de retourner le voir plus tard, mais il avait disparu sans laisser d'adresse. Au diable, j'espère.

Bien qu'il ne le formule pas, Moussa était parfaitement conscient de mon refus désespéré, et évidemment il ne cédait pas. Désormais il avait la loi pour lui ; que je le veuille ou non, j'étais son épouse devant les Adouls. Et j'étais bien obligée de guérir officiellement de ma dépression toute seule, pour ne plus retourner chez ce fou furieux, capable de me taper dessus. Je me forçais à manger un peu, mais j'avais réellement besoin d'un traitement, et de parler à quelqu'un de normal, qui ne considère pas mes crises de nerfs comme un mauvais sort. Hélas, on ne me l'a pas permis.

Arrivent les préparatifs du mariage et le départ au Maroc. Le voyage dans la voiture surchargée, l'arrivée dans la famille, et immédiatement l'enfermement.

Mon père : « Interdiction totale de sortir, tu es promise à un homme ! »

Il ne fallait surtout pas que les gens me voient dehors, c'était la prison pendant quinze jours, avant la grande réception où l'on se ruine et l'on s'endette, en l'occurrence pour mon malheur. C'est ainsi, il faut se ruiner même pour le mariage forcé de sa fille.

Pour tout le monde, sauf pour mes parents et moi, c'était un mariage voulu, heureux, et pendant ce temps je pleurais comme une fontaine. On me disait « bonjour », je pleurais, « bonsoir », je pleurais.

J'étais sur la dernière ligne droite, et mon père me harcelait :

« Ne te mets pas au balcon, ne va pas sur la terrasse, il ne faut pas qu'on te voie. »

Un jour – c'était un mercredi, je m'en souviens –, mes parents étant partis à la montagne chez mon grand-père, j'étais chargée de m'occuper de la maison, et Moussa en a profité pour décider d'y passer la nuit. C'était lui mon maître, à lui de me surveiller. Je suis montée sur la terrasse fumer une cigarette et, en redescendant, je suis allée m'asseoir à côté de lui. Je puais le tabac à plein nez ! Je l'ai même embrassé pour qu'il sente bien. Au Maroc, une femme qui fume est indécente. Encore plus indécente que dans mon quartier.

Je voulais le provoquer alors que je ne fumais plus depuis longtemps, mais il n'a rien dit, il s'est contenté de me faire la gueule. Le lendemain, il a contre-attaqué :

« Je croyais que tu étais une fille de bonne famille, mais tu fumes la cigarette !

— Oui, c'est bête, hein ? J'avais oublié de te le dire.

— Demain, c'est fini, on arrête tout, je ne veux pas d'une femme qui fume la cigarette ! »

Si j'avais pu hurler : « Ouais ! Super ! Je vais fumer quatre paquets de clopes par jour jusqu'à ce que tu te barres de la maison !… »

J'avais un petit espoir. Mais à quel prix ! Au retour de mes parents :

« Il est où, Moussa ?

— Il est parti, on s'est disputés, il ne veut pas qu'on se marie finalement. »

Mon père s'est jeté sur le téléphone et Moussa m'a dénoncée :

« Ta fille n'est pas ce que je croyais, je pensais que c'était une fille de bonne famille, mais il s'avère qu'elle fume la cigarette, elle a fumé devant moi hier. »

Mon père a été pris d'une colère monstrueuse. Il lui a demandé de venir, lui, ses frères et son père. J'étais dans la cuisine. Je me suis réfugiée dans un coin, mais il m'a tapé dessus ; gifles, insultes, coups de pied, j'ai pris une « gueule » comme avant.

« Tu n'es qu'une pute ! »

Conseil de famille. Je me suis retrouvée devant le tribunal des hommes, et j'ai fait une nouvelle crise de tétanie. Moussa ne m'avait jamais vue dans cet état, il a un peu paniqué. On m'a emmenée dans une chambre et ils ont continué à discuter de leur affaire, c'est-à-dire de moi et de la cigarette, pendant que ma mère essayait de me soigner. J'avais pris des coups, et Moussa n'avait pas du tout l'intention d'annuler le mariage. Il voulait simplement faire comprendre à mon père que sa fille était mal notée, l'humilier pour qu'il s'excuse de lui donner une vilaine fille comme moi, et non une perle rare. Du théâtre.

On ne m'a rien dit, bien sûr, de leurs discussions. Mon père est seulement venu me menacer dans la chambre :

« Je te préviens, si tu n'arrêtes pas tes conneries, je vais t'égorger, je vais t'égorger. »

C'était pour m'impressionner. Les parents savent qu'ils dominent leurs filles, les mots sont violents. Mais sur le moment je me demandais quand même s'il était capable ou non d'aller jusqu'au bout. Ma résistance était un détail à régler.

Mais la souffrance se fout des détails.

Il m'a traînée au mariage de force comme un mouton à l'abattoir.

À propos de bonheur

Ce vendredi de malheur était là, jour de fête, on m'avait emmenée à l'hôtel loué par mon père. Le grand carnaval allait commencer et je n'avais plus de défense, alors je faisais la gueule et n'adressais pas la parole au fiancé.

« Arrête de faire la gueule, tout le monde le voit.

— Si j'ai envie de faire la gueule, je fais la gueule, ça regarde personne ! »

Intérieurement, je me tenais le discours suivant : « Je te déteste et je veux le montrer aux autres, je te hais, même si tu vas arriver à tes fins. »

Il m'a laissée aux mains des habilleuses, des maquilleuses, des coiffeuses, je devais porter neuf tenues différentes dans la même soirée. Une bonne moyenne, certaines mariées vont jusqu'à vingt. Pour la première apparition, je portais un caftan blanc, avec diadème et boucles d'oreilles en faux brillants. On m'a fait passer par l'arrière de l'hôtel pour que personne ne me voie avant l'entrée officielle de la mariée trônant sur un palanquin doré. C'était royal comme entrée. On me portait comme une merveilleuse princesse des *Mille et Une Nuits*.

La future épouse doit dégager cette beauté, même si elle est moche. Elle doit saluer de la main sur son passage, comme la reine d'Angleterre. Sourire à droite, à gauche… je me sentais ridicule, maladroite. Si j'avais été amoureuse, en paix avec moi-même, j'aurais adoré profiter de ce moment magique dans la vie d'une femme. Parée, maquillée, couverte de bijoux, et admirée de tous, ce doit être une sensation exaltante. Au lieu de ça, je me sentais bête, sourire crispé, en pensant : « Mais qu'est-ce que je fous là ? »

Cette plongée brutale dans ce monde traditionnel, auquel j'avais relativement échappé en France en allant au collège en jeans et baskets, me suffoquait.

Toutes ces tannées pour essayer d'y échapper, je les avais prises pour rien, j'étais revenue à la case départ, comme tout le monde. Et j'ai assumé le défilé des robes. La bleue, la blanche, la rose, la verte, la tenue indienne, la tenue pharaon ! Je ne risque pas de l'oublier celle-là, je devais porter au moins vingt kilos. Le tout étant censé représenter un paon majestueux. Toutes ces robes appartiennent à une professionnelle qui se loue avec son matériel et son équipe.

C'était le final avant la robe de mariée. La fameuse robe achetée une fortune par mes parents, et que j'avais voulu déchiqueter au couteau. Dernière apparition, la mariée jette des dragées du haut de son palanquin. Elle va bientôt disparaître avec son époux. La nuit de noces se fera au matin, après une nuit de représentation, de sourires forcés, de trompettes enthousiastes.

Pour mes copines gauloises invitées à mon mariage, ce cérémonial somptueux était un rêve de conte de fées. Elles n'ont jamais su l'envers du décor. Tout le monde me trouvait superbe évidemment, même Moussa : « Tu es magnifique ! »

Au bout de cette longue nuit de torture, au petit matin, on m'a fait monter dans une belle voiture pour me conduire dans un autre hôtel, une chambre où j'allais enfin donner à cet homme presque inconnu le « trésor de ma virginité ».

À ce moment précis où je montais dans la voiture, mon dernier petit frère est arrivé les mains dans les poches, l'air inquisiteur et un peu malheureux.

« Mais tu vas où, toi ? »

Je ne savais pas quoi répondre à un gamin de dix ans, j'étais en larmes.

« Je vais en ville, à l'hôtel…

— Tout le monde va dormir maintenant, c'est le matin ! Pourquoi tu ne rentres pas à la maison ?

— Parce que je suis mariée maintenant…

— Mais t'as pas le droit de partir comme ça ! T'as demandé à papa ? »

Il avait les larmes aux yeux. Si j'avais demandé à papa ?

« Tu sais, je ne demandais que ça, moi, ne pas partir !

— Mais tu vas revenir à la maison ?

— Mais oui, je vais revenir à la maison, mais pas pour l'instant. »

Dix ans, encore innocent, le seul à pleurer pour moi.

Mon père n'était pas là au moment de mon départ, je ne savais pas qu'il s'était endormi de fatigue sur place, je le cherchais du regard désespérément.

« Papa, papa ! »

Je pleurais comme une gamine en l'appelant au secours une dernière fois. Il est enfin arrivé, il m'a serrée dans ses bras comme il ne l'avait jamais réellement fait. Je me suis effondrée contre lui en pleurant. L'assistance était émue car j'apparaissais comme une fille de bonne famille, pleurant d'émotion en quittant ce père qui l'avait toujours protégée.

Je me suis retrouvée dans la chambre d'un grand hôtel, porte fermée sur l'angoisse. La fuite n'était plus possible. Heureusement, il n'était pas brutal.

Deux jours après la nuit de noces, alors que je n'avais presque pas saigné, je me suis réveillée au matin sur un lit couvert de sang.

Moussa était parti je ne sais où, j'étais seule depuis la veille chez mes beaux-parents où je devais résider selon la coutume. Je n'avais pas eu mal au ventre, rien senti, et je faisais une hémorragie épouvantable alors que ce n'était pas la période des règles. Je grelottais de fièvre, glacée et à demi consciente. Je ne savais pas quoi faire, effrayée par ce flot de sang. Ma belle-mère n'est pas montée dans la chambre pour m'aider, c'est mon beau-père qui est venu, inquiet de ne pas me voir sortir de la chambre. Il a appelé les frères de Moussa, ils m'ont enveloppée de couvertures, mais je tremblais toujours de froid, alors il a envoyé un de ses fils chercher un médecin. Cet homme était bon, mes beaux-frères aussi, ils ont tout fait pour m'aider et me soutenir. Le médecin ne pouvait pas se déplacer, il fallait qu'on m'emmène chez lui en taxi, et la belle-mère s'est enfin montrée, furieuse après son mari :

« Arrête avec ces couvertures ! Elles sont toutes neuves ! Pourquoi tu les as sorties pour elle ! »

Elle ne m'aimait pas d'emblée.

« Un taxi ? Jamais de la vie ! Elle est ici depuis deux jours seulement ! Et s'il lui arrivait quelque chose ? Appelle ses parents qu'ils se débrouillent avec elle ! »

Ils sont arrivés en catastrophe. Et ma pauvre mère, en passant le seuil de leur porte, est tombée sur le coccyx, elle avait tellement mal que mon père s'énerva*t : « C'est pas vrai, on les accumule, y en a marre ! »

En voyant cette mare de sang, elle s'est complètement affolée, elle a cru que j'allais mourir. Bien plus tard, elle m'a confié qu'elle se demandait – il

168

était temps – si ce mariage était une bonne chose. Trop de signaux contraires...

Ma belle-mère, elle, ne voyait qu'une chose : j'étais snob. Je n'étais pas descendue la voir depuis que j'étais dans cette chambre, j'avais fait la gueule au mariage, son mari avait sorti de leur plastique sept couvertures neuves pour m'envelopper, c'était trop ! Je pouvais crever, mais pas chez elle.

Le médecin m'a fait une piqûre pour arrêter cette hémorragie, inexplicable pour lui.

Ma mère s'inquiétait de savoir si son gendre n'avait pas été brutal la première fois, mais il n'y avait aucun signe de violence, et je le savais mieux que personne. J'avais au moins la chance de ne pas être tombée sur un enragé. Même si je ne l'aimais pas, je ne pouvais pas l'accuser de quoi que ce soit.

Je devais rester alitée cinq jours, sans poser le pied par terre, et mon mari ne pourrait pas me toucher avant au moins deux semaines. Je sais maintenant pourquoi j'ai déclenché cette hémorragie. C'était inconscient, mais je m'en doutais déjà sur le moment. Quinze jours de vacances, officiellement attribués par un médecin ! C'était le seul moyen pour être seule dans mon lit... Mon corps le disait à ma place. Quand on n'a pas droit à la parole ni à la fuite, on se défend comme on peut, et le meilleur moyen d'éloigner un mari dont on ne veut pas, c'est de faire couler le sang...

On m'a ramenée dans ma belle-famille et mon beau-père a décidé de m'installer au rez-de-chaussée, avec tout le monde. Il pensait bien faire : « On va arrêter de l'isoler, cette pauvre fille, elle va venir près de nous. »

Mais je n'étais pas chez moi. Ma mère aurait bien voulu me récupérer pour me soigner, mais c'était impensable ; mariée, je devais vivre dans la famille de mon époux. Des gens que je ne connaissais pas, et que je ne voulais pas connaître. Surtout la belle-mère.

Une très vieille dame arrive et s'allonge à côté de moi, sur le lit. La grand-mère maternelle de Moussa.

« C'est toi, la femme à Moussa ? Ça va ?

— À peu près.

— Tu sais qu'ils sont pas gentils.

— Pourquoi ?

— Parce qu'ils sont pas gentils, c'est comme ça. »

Elle prend ma main et regarde une bague en plaqué or, un bijou sans grande importance.

« Elle est jolie cette bague… Tu sais que je n'ai jamais eu de bague de ma vie ?

— Tiens, prends-la. »

Je lui ai mis cette bague au doigt et elle m'a dit :

« Merci, ma fille, merci. »

Elle a entrepris de me parler de sa propre fille, ma belle-mère. J'ai compris que personne ne s'occupait d'elle, parce qu'elle était trop vieille, aveugle, et qu'elle encombrait. Mon sentiment à propos de ma belle-mère se confirmait. Quelqu'un qui n'aime pas sa mère… Moi qui suis une fille étrangère à la famille, elle n'allait pas me faire de cadeaux !

Elle m'a parlé aussi de sa petite-fille, la sœur de Moussa :

« Elle est très méchante, fais attention à elle, c'est une vipère, elle te fera souffrir, elle essaiera tout pour te faire du mal, alors protège-toi, ma fille, protège-toi et fais attention à toi. »

À ce moment-là elle l'a vue arriver derrière la porte-fenêtre.

« Chut, chut, y a le gendarme qui arrive. »

J'ai fait semblant de dormir pendant que l'autre houspillait sa grand-mère.

« Qu'est-ce que tu fous là ? Retourne dans ta chambre ! »

— Non, non, je suis bien là. »

Mais elle avait vu la bague et a été le rapporter à sa mère. Ce qui a donné un mini-scandale absurde le soir même.

Moussa est venu me voir sur mon lit de repos.

« Leila, c'est toi qui as donné la bague à ma grand-mère ?

— Oui, je lui ai offerte, c'est un cadeau !

— Oui, mais ça fait plein de problèmes et ma mère a pris la bague.

— Ta mère a pris la bague ! Alors tu vas aller la voir et, pour éviter tout problème, tu vas lui dire que Leila l'a simplement mise au doigt de la grand-mère et qu'elle l'a oubliée. »

À partir de là, ma belle-mère a commencé à me regarder vraiment d'un sale œil, et je comptais les jours qui me séparaient du retour dans ma famille.

Dès que j'ai pu me lever, je suis allée voir mes parents, puis chez le coiffeur me faire couper les cheveux, sans rien demander à personne. Conflit avec la belle-mère.

« Tu as coupé tes cheveux ! Il fallait demander l'autorisation à ton mari.

— Tes belles-filles aussi se sont coupé les cheveux, ça n'a pas posé de problème…

— Oui, mais avant de faire quelque chose il faut toujours demander l'autorisation… »

Mon beau-père lui a coupé la parole :

« Occupe-toi donc de tes affaires et laisse-la vivre, elle réglera ça avec son mari si vraiment ça pose un problème. Mais laisse-la tranquille. »

Pour une fois, j'avais le soutien d'un homme. Mais l'œil de la belle-mère noircissait de plus en plus.

Je me sentais mieux, plus légère, les cheveux coupés, mais Moussa n'a pas supporté. Sa mère, j'imagine, lui avait monté le bourrichon dans le genre :

«Il n'y a pas une semaine qu'elle est ta femme et elle fait déjà ce qu'elle veut, elle a été se couper les cheveux, elle est partie chez ses parents sans demander l'autorisation. Quand tu n'es pas là, c'est à moi qu'elle doit demander l'autorisation ! Tu ne la tiendras jamais ! »

Expression classique utilisée par la belle-mère type à l'adresse de son fils bien-aimé : « Tu ne la *tiendras* pas ! »

Il est arrivé remonté.

« À qui tu as demandé la permission de te couper les cheveux ?

— Le jour où tu m'as connue, j'avais les cheveux courts, non ? Je les ai laissés pousser pour le mariage, parce qu'on m'a demandé de le faire. Maintenant le mariage est passé, je peux me couper les cheveux.

— Maintenant tu es mariée, tu es la femme d'un homme, tes cheveux doivent être attachés.

— Peut-être, mais je les ai coupés, tu veux essayer de les recoller ? »

Après cette histoire de cheveux coupés en quatre, il a continué sur le principe. Je n'avais pas à rendre visite à mes parents sans demander l'autorisation, à lui ou à sa mère. J'ai commencé par argumenter, puis, de guerre lasse, j'ai piqué une colère :

« À ta mère ? Mais je suis mariée avec qui ? Avec ta mère ou avec toi ?

— C'est pareil ! Quand je suis pas là, c'est ma mère.

— Non, je suis désolée, je ne suis pas mariée avec madame Machin ! J'ai signé un contrat avec toi ! Si Monsieur n'a pas confiance en sa femme, qu'il le dise ! »

J'avais décidé de ne pas lui laisser prendre le dessus dès le départ. Ni lui ni sa mère ne me donneraient d'ordres. J'avais déjà donné ! Pendant le voyage de noces, qui a duré trois semaines sur la côte méditerranéenne, je me suis défoulée avec une succession de petites vengeances. Qu'il paie ! Au maximum ! Encore une bague, des boucles d'oreilles, des vêtements par dizaines... Il avait choisi un hôtel correct, j'en voulais un plus cher, je l'ai obtenu. C'était ça ou rien.

« Tu me prends pour un ministre ? »

J'étais exigeante et indifférente. Je voulais qu'il vide son portefeuille. Puisqu'on m'avait en quelque sorte « donnée » à cet homme, c'était en tout cas le sentiment qui prédominait à ce moment-là, il n'avait qu'à payer. C'était stupide, mais ça me soulageait. Le soleil, la mer, les ruelles sans voitures, les souks de la vieille ville, je profitais de ce pays magnifique, de ses couleurs, de ses parfums... Je savais que le retour en France serait difficile. Nous allions vivre chez mes parents, dans une partie du salon protégée par un rideau, en attendant de faire fabriquer une cloison ; tant qu'il n'aurait pas sa carte de séjour, il ne pourrait pas demander d'emploi. Je me demandais ce qu'il allait faire. Vivre aux crochets de mes parents ?

Nous sommes passés devant le maire, une formalité nécessaire pour lui. J'ai monté les marches de l'hôtel de ville, dit « oui », la mort dans l'âme. Ce passage obligé était d'une tristesse infinie.

Ensuite la course pour les papiers, d'abord une carte de séjour qu'il a obtenue facilement. Et au bout d'un an de vie commune, il pourrait demander la nationalité française. C'est court un an pour devenir français par le mariage.

L'année se déroulait sans trop de crises, je cherchais du travail, les allocations chômage ne nous permettant pas d'aider suffisamment mes parents. Malheureusement je ne trouvais rien, et j'enrageais d'être coincée à la maison, avec un œil de Moscou supplémentaire sur le dos. Un jour, j'ai eu de nouveau l'espoir de le flanquer à la porte. Nous avions ouvert un compte joint à la banque, évidemment, et il ouvrait le courrier, évidemment. Je jette un coup d'œil distrait sur le relevé de compte qu'il venait de poser sur la table du petit déjeuner, et je tombe sur une ligne : « Versement de mademoiselle Untel… la somme de… »

Je n'avais pas regardé volontairement, je ne le soupçonnais de rien a priori. Mais il a replié le papier en vitesse. Alors, méfiante, j'ai sauté sur l'occasion.

« Donne-moi ça ! »

J'ai filé dans la chambre de mon père en hurlant :

« C'est ça l'honnêteté, la fidélité ? Il reçoit de l'argent d'une pétasse ! »

Si j'avais osé faire ça avant de me marier, j'aurais pris une raclée, mais mon père avait changé d'attitude envers moi, et il voyait bien sur ce papier que je disais la vérité, il comprenait aussi ce que j'avais compris. Mon mari me trompait probablement. Moussa faisait la tête sans rien dire, il s'était réfugié dans le salon. Ma mère, toujours angoissée à l'idée que ce mari pouvait répudier sa fille :

« Ça y est, tu l'as fâché…

— Comment ça, je l'ai fâché ? Une nana lui met de l'argent sur son compte, je ne sais pas d'où elle sort et moi je suis quoi ? Une conne ? »

Je suis retournée l'affronter, mes parents derrière moi. Je pensais qu'ils allaient me soutenir cette fois, devant la preuve que je détenais.

« Mon coco, si tu veux aller rejoindre mademoiselle Machin qui te donne de l'argent, va la rejoindre, ça m'arrange moi aussi ! »

Mais ma mère s'est retournée contre moi :

« Tu n'as pas à parler comme ça à ton mari. Tu as le droit de chercher à comprendre, mais doucement. »

Moussa a bafouillé une explication qui n'en était pas une. Un copain qui lui devait de l'argent, sa sœur aurait remboursé à sa place ! Je n'y croyais pas une seconde.

« T'as raison, c'est ça ! Continue à me prendre pour une idiote.

— Leila ! Si ton mari te dit ça, tu dois lui faire confiance ! »

Maman… j'adore ma mère, mais je ne pouvais pas supporter cette soumission permanente, ce culte des hommes à tout prix. Ils ont raison, il faut leur faire confiance, les croire même s'ils mentent. Pour ne pas qu'ils se barrent et nous laissent en plan, répudiées, risées du quartier, de la famille, du pays des ancêtres.

Au bout d'un an, ce mari ne cherchait pas de travail, et n'en trouvait donc pas, mais moi j'en avais déniché. Je travaillais comme nounou dans une famille française d'origine. Et on me logeait sur place. Pour la première fois de mon existence, je vivais loin d'eux toute la semaine, je ne rentrais que le week-end.

En attendant ses papiers, Moussa recevait de ma mère son argent de poche, il était logé et nourri. Il a décidé finalement de me rejoindre dans mon petit studio de fonction et a passé son temps à traîner dans les rues de Paris.

Sincèrement, j'ai fait des efforts pour m'habituer à lui, j'ai même fait semblant d'être amoureuse, pour voir si j'y arriverais. Je me suis menti à moi-même quelque temps en me persuadant que je devais apprendre à l'aimer. Je n'y suis pas parvenue.

Il voulait faire une formation. N'importe laquelle, pourvu qu'il soit payé à ne rien faire. Il n'avait ni ambition ni plan d'avenir. Il ne pensait qu'à envoyer de l'argent à sa mère, pendant que je trimais. Un jour, il a décidé de partir la rejoindre, elle lui manquait trop !

Elle lui téléphonait de temps en temps, mais un jour il était sorti et j'ai répondu à sa place.

Après le protocole des salutations habituelles, j'ai demandé poliment comment elle se portait :

« Ah là là ! ma fille, j'ai mal au genou ! Je dois aller chez un spécialiste. »

Autrement dit : « Si vous avez des sous, vous m'en envoyez. »

« Je fais de la rétention d'eau, on va me faire une ponction.

— C'est pas grave...

— Oui, mais j'ai mal, je souffre ! Tu diras à mon fils que j'ai appelé.

— Oui, oui, d'accord. Bonjour à tout le monde. »

Je raccroche, et j'oublie de prévenir Moussa à son arrivée. Ce n'est qu'une fois à table que je me souviens du coup de téléphone :

« Au fait, j'ai oublié de te dire, ta mère a téléphoné, elle a de l'eau dans le genou, on va lui faire une ponction. »

On aurait dit que je lui annonçais : « Ta mère est mourante ! » Il a repoussé son assiette et s'est pris la tête à deux mains pour pleurer. Ma mère m'a fait les gros yeux. Mon père me regardait du coin de l'œil, les dents serrées. Je ne voyais pas ce qu'il y avait de si dramatique dans l'histoire.

« Ben quoi ? Ce n'est pas grave de l'eau dans un genou ! Ça s'enlève ! »

Et dans le silence pesant, je m'enferrais davantage :

« Maman ! Ta copine Saida en a eu des ponctions, elle n'est pas morte ! »

Mon père a explosé :

« Tais-toi, parce que tu vas prendre ce plat sur la tête ! »

176

Ma mère, compatissante :

« Mange, Moussa.

— Non, j'ai plus faim. »

Moi, en colère :

« Mais mange, c'est n'importe quoi, ta mère ne va pas mourir ! »

J'ai continué à manger tranquillement, alors qu'il se levait pour aller pleurer à gros sanglots dans notre chambre. Incroyable. Ma mère était vexée.

« T'es contente ? Hein, t'es contente maintenant.

— Mais maman, enfin, c'est rien ! Rien du tout ! Elle n'a pas un cancer tout de même !

— Il ne s'agit pas de ça ! C'est le principe, tu aurais pu attendre qu'il ait mangé, au lieu de lui annoncer ça devant tout le monde ! »

Mon père, furieux :

« Va voir ton mari.

— Ça va, c'est bon, il est en train de pleurer sur le lit.

— Je te dis, va voir ton mari, va voir ce qu'il a ! »

Ma mère a renchéri :

« Va le voir tout de suite, il n'a pas mangé, il n'a même pas mis un bout de pain dans sa bouche ! Tu n'as pas de cœur ! »

J'y suis allée en râlant, il était allongé à plat ventre, toujours sanglotant tout haut :

« Maman, ma petite maman, je vais te perdre, et je ne suis même pas à côté de toi, maman. »

Il pleurait sur le genou de sa mère ! C'était le drame. J'avais tout faux une fois de plus. D'abord, j'aurais dû lui parler après qu'il ait mangé. Ensuite, le faire dans l'intimité, pas à table.

De là à pleurer sur un genou… J'étais partagée entre un fou rire nerveux et la stupéfaction totale. Que faire devant cet homme adulte, chialant comme un bébé ?

Ou il jouait la comédie, ou il était malade, mais de sa mère.

« Maman, maman…

— Moussa, retourne-toi, dis-moi quelque chose ! »

Je ne sais pas être douce, affectueuse avec les adultes, on ne m'a pas appris. Je ne sais le faire qu'avec les enfants. Et il m'agaçait prodigieusement à hoqueter au point de ne plus pouvoir parler. Je l'ai tiré vers moi, il était défiguré par les larmes. J'ai abandonné.

Je suis sortie de là en répétant avec incrédulité :

« N'importe quoi ! N'importe quoi ! Il pleure sur le genou de sa mère ! C'est n'importe quoi… »

Mon père a tapé sur la table.

« Maintenant, tu vas prendre le téléphone ; s'il faut que tu y passes la nuit, tu y passeras la nuit, mais il faut que tu aies sa mère au téléphone et que tu lui passes son fils pour te faire pardonner. T'as compris ? »

Finalement elle avait gagné, la belle-mère. Elle voulait que son fils l'appelle, elle voulait des sous pour le médecin, ou elle voulait qu'il revienne se faire bercer, mais elle avait gagné.

Le dimanche soir, sachant que le tarif est réduit et que tous les Marocains s'appellent en même temps, il faut de la patience pour obtenir une communication. C'est occupé sans arrêt, ou on tombe Dieu sait pourquoi sur une opératrice espagnole. Ou une voix aimable vous informe de renouveler l'appel, le réseau étant encombré. Au bout d'une heure, toujours pas de ligne. Je m'étais carrément installée par terre avec le téléphone, et je l'entendais toujours chialer : « Maman, ma petite maman, je vais te perdre. »

Le comble, c'est qu'une fois en ligne, lorsque j'ai demandé à sa mère comment elle allait depuis cet après-midi, la voix était radieuse !

« Oui, oui, ça va.

— Vous êtes sûre que ça va ?

— Oui ! Oui ! Ça va très bien… »

Réflexion faite, comme son mari avait décroché le premier, j'ai supposé qu'elle devait forcément parler devant lui, donc plus de cinéma.

« Je vais te passer ton fils.

— Ah bon ? »

Et lui ne voulait pas lui parler :

« Non, non, je ne suis pas bien, je ne peux pas lui parler dans cet état-là.

— Attends, depuis tout à l'heure tu pleures ta mère ! Maintenant qu'elle est au téléphone, tu vas lui parler, tu verras bien que ce n'est pas grave, et tu te dépêches, parce que c'est cher ! »

J'ai tout entendu.

« Allô, mon fils, mon petit, mon garçon, tu me manques, je ne sais pas si je vais m'en sortir… »

Elle voulait qu'il revienne. Maintenant qu'il avait obtenu ce qu'il voulait – les papiers, la sécurité en France, une femme qui travaille –, elle tenait à le récupérer. Et ils pleuraient tous les deux, il n'était même plus question de genou. Mes parents, qui entendaient tout – j'avais mis le haut-parleur –, ont tout de même compris leur cinéma.

Pas de chance, j'étais tombée sur une belle-mère possessive, un mari infantile, et encore, je n'étais pas au bout de mes peines !

Il a trouvé une formation en province, il rentrait le vendredi soir et repartait le dimanche. Tout allait bien. J'ai décidé que nous prendrions un studio pour débarrasser mes parents. Il touchait un salaire de deux mille francs mais qu'il « économisait » pour acheter une voiture. Mon propre salaire servait à payer le loyer, la nourriture, et je ne disposais même pas du reste, il faisait ce qu'il voulait. Je me suis battue pour meubler ce studio, il ne voulait rien acheter, pas même une commode. Il n'attendait qu'une chose, sa voiture pour filer au Maroc faire le malin.

Mes parents m'ont tout donné, des meubles, de la vaisselle, un lit pour dormir. Le jour où j'ai voulu acheter un canapé, il a refusé. J'ai fini par ne plus supporter cette histoire d'argent. Après tout, j'en gagnais la presque totalité, j'assumais le quotidien. Les bagarres sont devenues incessantes.

Et ma belle-mère a commencé à le harceler :

« Comment ça se fait qu'elle n'a pas encore d'enfant ? »

Puis elle a distillé le doute : je prenais la pilule en cachette peut-être ?

Du coup c'était moi qui ne voulais pas avoir d'enfant. Pour mettre fin à la polémique, j'ai annoncé que j'avais pris rendez-vous chez un gynécologue, et qu'il verrait bien si je pouvais ou non avoir des enfants. Problème : le gynécologue était musulman, mais c'était un homme. Je le connaissais, il avait déjà délivré à mes parents deux certificats de virginité... Et encore un troisième juste avant le mariage. Un médecin qui me connaissait par cœur, moi et mes crises de tétanie, mon anorexie, mes angoisses depuis l'enfance.

Mais Moussa ne voulait pas qu'un homme m'examine.

J'ai dit :

« Non, c'est lui, personne d'autre ! »

J'étais parfaitement en confiance avec lui :

« Habib, Moussa croit que je ne suis pas féconde, il faut me faire des examens... »

Il a éclaté de rire.

« Des examens pour toi, oui, d'accord, mais lui ? Il est sûr qu'il est fécond ? »

Je n'avais aucun problème, au contraire, Habib m'a dit, en plaisantant sur l'échographie :

« Cours vite le voir ! Tu es en pleine ovulation ! Si ça ne marche pas, c'est lui qui a un problème. »

Évidemment, Moussa « ne pouvait pas » avoir de problème. Ça ne marchait toujours pas, mais il avait une réponse toute prête :

« C'est Dieu qui ne veut pas nous donner d'enfant pour le moment. »

Je n'étais pas pressée, de toute façon. Mais finalement il s'est décidé à prendre rendez-vous sans me le dire, par fierté. Et il avait un petit problème qui nécessitait un traitement, mais dont il ne m'a pas parlé. Un jour, je suis tombée par hasard sur une boîte de médicaments et je me suis dit : « Tiens, il prend un traitement ? »

« C'est quoi ça ?

— C'est rien. Un problème d'intestin. »

En réalité il avait un autre problème, qui n'avait rien à voir avec les intestins, et l'empêchait provisoirement d'avoir des enfants. Mais pour rien au monde il n'en serait convenu. Ni devant moi ni devant sa mère. Il était plus simple de m'accuser d'infertilité. Ma complicité avec le médecin m'avait permis d'être renseignée. Quelques semaines d'antibiotiques et il pourrait être père. Pendant ce temps ma mère, les cousines, les copines me questionnaient sans arrêt.

« Si tu n'as pas d'enfant, ta vie est foutue, ma fille. »

C'est justement en répondant à l'une de ces cousines que je n'étais pas pressée d'être enceinte, que je suis devenue blanche tout à coup, prise d'une nausée qui m'a précipitée dans la salle de bains.

Elle m'a regardée en rigolant, et m'a lancé la plaisanterie classique en arabe : « T'as avalé une mouche ? »

Si je faisais le compte des symptômes, c'était fort possible. Envie de dormir, nausée, et autres détails intimes, mais je m'obstinais à faire la maligne devant les autres, et à refuser l'idée d'être enceinte. Mais non. Pas moi, pas maintenant, j'étais trop jeune, j'avais bien le temps.

En réalité, j'espérais de toutes mes forces à présent que la merveille se produise. Je ne serais plus seule au monde et sans amour.

Le jour où je suis allée chercher un test à la pharmacie, j'étais surexcitée. Je n'ai même pas suivi les consignes recommandant d'attendre le lendemain matin. C'était tout de suite et maintenant ! Il fallait qu'un petit trait rose vienne se dessiner sous mes yeux, là, sur cette bandelette que je tenais comme une chose presque sacrée.

J'attendais là, assise toute seule et le cœur battant, dans la salle de bains. J'ai vu enfin apparaître un trait minuscule, si léger et si fin que je n'étais pas certaine de bien le distinguer. Je ne respirais plus pour mieux voir et j'ai couru à la fenêtre pour mettre le test à la lumière du jour.

Finalement j'ai bondi dehors, traversé le quartier en courant, rencontré ma copine Souria, qui m'a prise pour une folle, puis s'est mise à courir avec moi chez le pharmacien en hurlant de rire. Je n'osais pas lui demander d'explication. D'autant plus que le pharmacien, étonné de me voir revenir si vite, croyait que j'avais mal fait le test.

Souria, qui n'en pouvait plus d'attendre, m'a bousculée :

« Allez, montre-lui !

— Mais il y a du monde !

— Mais tu t'en fous ! T'es mariée ! Allez, montre ! Monsieur, s'il vous plaît, est-ce que ça veut dire qu'elle est enceinte ? »

Il a dit : « Oui, probablement. » Et quelque chose d'inexplicable m'a envahie, comme une marée, des pieds à la tête. Une sensation complètement inconnue : le bonheur.

C'était le plus beau jour de ma vie.

Lorsque la prise de sang a confirmé la nouvelle, je me suis assise sur les marches du laboratoire en pleurant. Je disais : « Merci, merci, mon Dieu, pour ce bonheur ! » J'ai traversé le centre-ville, comme une libellule, sur un nuage. Je planais, plus rien n'existait autour de moi. Je n'avais jamais connu une telle ivresse. Je tâtais mon ventre, je parlais à cet enfant qui n'était encore rien et tout pour moi.

« Je vais enfin m'en sortir, parce qu'on est deux maintenant. Toi et moi. »

Je suis allée voir mes parents avec mon précieux cadeau.

« Ça vous dirait d'avoir un petit-fils ou une petite-fille ?

Ils étaient heureux, fiers ; mes frères et ma petite sœur ont attendu cet enfant avec la même impatience que moi. Moussa aussi était fier, persuadé qu'il aurait un fils. Nous nous sommes même gentiment disputés sur le choix du prénom, il voulait Mohammed, je voulais Ryad. Et finalement il m'a laissée gagner. À ce moment-là, la sérénité que j'espérais depuis si longtemps était à portée de main. J'étais mariée, enceinte, et tout le monde partageait ce bonheur avec moi. Mes frères, ma sœur, mes parents, mon mari.

J'avais enfin une vraie vie bien à moi, j'en étais propriétaire. Si c'était une fille, elle ne vivrait jamais ce que j'avais vécu. Je m'en suis fait la promesse. Si c'était un garçon, je ferais tout pour qu'il ne soit pas élevé comme un macho, un rebeu avec cette mentalité de chien de garde !

J'ai gardé précieusement le petit test, comme une photo souvenir du premier bonheur de ma vie. Un tout petit trait rose, un enfant comme une lumière dans un tunnel.

J'étais sûre de renaître enfin en même temps que lui.

Vie privée

« Une belle-fille sert sa belle-mère. Elle se lève avant elle, lui prépare à manger, lave son linge, lui fait son ménage et ses courses, lui donne son bain... »

C'est en raccourci l'essentiel des injonctions de la mère de Moussa. Elle était venue « assister » à la naissance de son petit-fils et prenait toute la place dans notre petit appartement. Elle faisait abstraction totale du fait que j'étais enceinte, épuisée par une grossesse difficile, insomniaque et nerveuse. Tous les jours, il y avait un problème.

« Tu te rends pas compte, mon fils ! Je suis invitée et elle ne s'est même pas levée pour préparer le petit déjeuner ! »

Je ne l'avais pas invitée. Son fils me l'avait imposée. Elle couchait dans le salon, et j'avais bien du mal à ne pas me cogner sur elle, à moins de rester confinée dans la chambre ou dans la cuisine.

Le tic-tac de la pendule la gênait : il fallait la retirer tous les soirs, l'enfermer dans un cagibi pour la nuit et la remettre le matin. Les lumières des réverbères du dehors lui étaient insupportables : il fallait tenir les volets fermés et j'ai dû installer un double rideau dans la cuisine. Elle ne bougeait pas du salon, se contentant d'observer mes moindres faits et gestes, et de les critiquer. La cérémonie du bain obligatoire m'était particulièrement pénible. Elle estimait que je la lavais mal, et que je le faisais exprès…

Le premier jour, elle m'avait demandé de lui prêter ma brosse à cheveux et d'autres objets de toilette personnels, sous prétexte qu'elle n'avait pas eu le temps (en un mois) de préparer son voyage. Pensant la contenter, je suis donc allée acheter pour elle un nécessaire complet : brosse, peigne, shampoing, gel douche, etc. Elle a pris le paquet, m'a regardée de la tête aux pieds et l'a reposé dédaigneusement, comme si je venais de l'humilier, en s'adressant à son fils :

« Ta femme, pour qui elle me prend ? Je lui ai demandé *sa* brosse à cheveux, et elle n'a pas voulu me la donner ! Pourquoi ? Qu'est-ce qu'elle croit ? Que je vais lui jeter un sort ? »

Je n'y avais pas pensé, mais pourquoi pas…

J'étais complètement perdue dans ce mélange d'exigences bizarres. Cette femme était la méchanceté personnifiée, elle me voulait esclave docile et muette, prenant son fils à témoin de mon incapacité à la servir, faisant appel à une prétendue tradition à laquelle j'étais bien entendu réfractaire.

Elle avait soi-disant apporté un cadeau pour moi et le futur bébé. Une espèce de gandoura noire. Au mariage, ma belle-sœur était déjà arrivée tout en noir. Or, chez nous, le noir ne se porte pas pour les événements heureux. Porter du noir ou en offrir, c'est comme souhaiter du mal à quelqu'un.

Je n'arrivais plus à dormir la nuit. À trois semaines de l'accouchement, le bébé était trop gros, le col fermé, comme si je refusais d'accoucher et de le libérer. Le médecin s'inquiétait et j'ai dû subir une intervention douloureuse destinée à ouvrir le col. Les contractions étaient terribles. Je ne voulais voir ni Moussa ni sa mère, je ne voulais que la mienne à mes côtés. Je me sentais proche d'une crise de tétanie, bloquée, recroquevillée comme aux mauvais jours, et ma mère savait me masser pour me soulager.

On voulait me donner une chance d'accoucher par les voies naturelles, et ça me tenait à cœur, mais, lorsque l'anesthésiste est arrivé pour la péridurale, j'ai remercié Dieu! Moussa, qui attendait dans le couloir de la clinique, en a profité pour s'en aller.

« Ma mère est toute seule depuis qu'on t'a amenée ici, je ne peux pas la laisser toute seule! »

J'étais fracassée, en morceaux. Il aurait dit : « Je suis fatigué, je vais me reposer et je reviens… », j'aurais compris. La vraie cassure avec lui s'est produite ce jour-là.

Le bébé commençait à manquer d'oxygène, et j'étais à plus de quarante de température, il a fallu décider une césarienne d'urgence. J'ai perdu connaissance et Ryad est né, mais son père a été le dernier à le voir.

J'avais honte. Le père de mon fils avait préféré s'occuper de sa mère. Ensuite il était introuvable, impossible de le joindre pour lui annoncer la naissance, et rien n'allait comme je l'aurais voulu. On m'a pris Ryad pour le mettre en couveuse pendant quatre jours. Je n'avais qu'une photo dans les mains, et je n'arrivais pas à me persuader que ce morceau de papier était vraiment mon fils, c'était irréel. Je n'avais pas de montée de lait. La première chose qu'il a connue, c'est une tétine de caoutchouc. J'étais si malheureuse, si vide… Il n'était plus dans mon ventre, je ne pouvais plus lui parler comme je l'avais fait tout au long de ma grossesse. Il ne m'appartenait plus vraiment, on me l'avait pris.

Lorsque le médecin de famille est venu me voir, j'ai fondu en larmes en lui racontant ma déprime.

Le premier jour, ma belle-mère avait fait la gueule parce que mes parents étaient arrivés avant elle. Elle estimait avoir le droit d'être seule à trôner. Ryad n'était pas leur petit-fils, mais uniquement le sien ! Depuis, Moussa venait voir son fils en coup de vent : elle lui interdisait de la laisser seule pour nous voir.

« Tu comprends, elle m'a attendu hier, j'étais resté trop longtemps, elle n'avait pas mangé, et elle s'est évanouie… »

Sous-entendu à cause de moi. Lorsqu'elle l'accompagnait, c'était pour me faire pleurer avec d'autres sous-entendus avant de repartir, sa méchanceté dans la poche.

« T'as même pas pu accoucher normalement ! Comment ça se fait que t'as accouché par césarienne ? T'es pas normale ! »

Elle prenait Ryad dans ses bras.

« On dirait un ivrogne, il n'ouvre même pas les yeux. »

Elle n'a jamais prononcé son nom. C'était « il ».

« Tiens, tu lui achèteras une petite chose… »

Elle m'avait tendu un billet de cent francs, et ensuite Moussa était intervenu.

« Les cent francs, tu vas me les rendre. Tu n'aurais pas dû les accepter, je les avais donnés à ma mère. »

Si je comptais bien, ces cent francs sortaient de ma poche puisque j'alimentais le ménage. Moussa les avait donc donnés à sa mère pour qu'elle me les donne, mais le protocole voulait que je les refuse. Ça ne se fait pas d'accepter de l'argent de sa belle-mère.

Donc, le billet avait voyagé de mon compte à Moussa, de Moussa à sa mère, de sa mère à moi, je devais dire : Merci, merci, c'est gentil, et le laisser repartir dans l'autre sens, jusqu'à la belle-mère. C'était loufoque et cauchemardesque ! Par moments, j'avais même des crises de fou rire, même si je les payais comptant. Moussa ne m'avait même pas apporté une rose !

Le jour où elle a vu arriver à la clinique une de mes amies du collège, une Casablancaise moderne, en minijupe, talons, cheveux courts et mèches blondes, un gros bouquet de fleurs à la main, du parfum et un paquet de layette, j'ai cru qu'elle allait étouffer. Sadia s'était précipitée sur le berceau.

« Alors tu nous l'as pondue, cette merveille ? Qu'il est beau ! Qu'il est magnifique ! »

Ma belle-mère l'a immédiatement gratifiée d'un interrogatoire : « D'où tu viens ? Tes parents sont marocains ? Est-ce que tu vis en France ? D'où tu connais Leila ? Tu travailles ? Où tu vis ? T'es mariée ? Ah, t'es pas mariée... »

Sadia répondait, mais je la sentais mal à l'aise. Nous avons essayé de parler français, mais la belle-mère fronçait le nez de plus en plus.

Une fois de retour à la maison, avec mon ventre recousu, je n'ai pas eu droit à plus d'attention de sa part. Elle en était arrivée au point de me dire : « Maintenant c'est moi ta mère ! Tu n'appartiens plus à ta famille, tu appartiens à notre famille. »

Au moment de quitter la clinique, elle m'avait donné l'ordre de m'installer chez mes parents pour la laisser seule avec son fils.

« Toi, tu rentres chez tes parents, tu ne rentres pas chez mon fils, sinon qui va s'occuper de toi et de ton fils ? »

Sûrement pas elle. J'étais en mauvais état physique, Ryad ne dormait pas la nuit et pleurait sans arrêt, moi aussi. On m'avait gardée en clinique quinze jours, et pourtant je ne tenais pas encore debout. Le médecin, qui connaissait par cœur ma situation, belle-mère comprise, avait convoqué Moussa.

« Votre femme fait une dépression. Elle ne mange plus, ne dort pas ; je vous préviens, si elle est obligée de revenir à l'hôpital pour quelque raison que ce soit, vous m'aurez devant vous. Faites en sorte qu'elle vive au calme et qu'elle et le bébé ne manquent surtout de rien. »

Et entre Marocains il s'est permis de lui lancer une vanne en arabe :

« C'est vrai que dans ta région on aime bien l'argent, hein ? »

Moussa n'avait pas supporté la plaisanterie.

« Ouais, il se prend pour qui, ce connard ? »

Le médecin m'avait donné un traitement, et avait fait venir une psychologue avant mon départ, mais je me suis mise à pleurer sans pouvoir sortir un mot de plus que : « J'en peux plus. »

J'étais donc supposée aller chez mes parents sur ordre de ma belle-mère, mais ma mère me l'a déconseillé :

« Leila, ne fais pas ça. Demain et après-demain et le restant de ta vie, elle va te le reprocher.

— Pourquoi ? C'est elle qui l'a dit !

— Une belle-mère dit toujours à sa belle-fille le contraire de ce qu'elle veut… »

Question de protocole, une sorte de test… J'avais du mal à comprendre, des lacunes probablement dans mon éducation trop occidentale ? Je suis donc rentrée chez moi, à reculons. Je n'étais d'ailleurs pas chez moi. Je sentais que je descendais en enfer.

« Pourquoi t'es pas rentrée chez tes parents comme je te l'ai dit ?

— Mes parents habitent trop loin, il n'y a pas de pharmacie ; ici, la pharmacie est en bas… »

Réponse protocolaire, suggérée par maman.

Ryad ne dormait pas la nuit, et c'était un goulu, il lui fallait un biberon toutes les deux heures. Moussa dormait. Sa mère ronflait. Je me levais toutes les heures et demie, je traversais le salon dans le noir et sur la pointe des pieds, je fermais la porte de la cuisine pour ne pas gêner la ronfleuse avec de la lumière, je faisais le biberon et pendant ce temps Ryad braillait. Donc, la belle-mère râlait, et Moussa continuait à dormir.

Je ne pouvais pas m'occuper de mon fils et faire le biberon en même temps. Mon ventre me tirait trop pour le porter en même temps qu'une casserole. Il fallait aussi que je pense tous les soirs à retirer cette maudite horloge, à fermer les volets, à me lever tôt pour le déjeuner, à préparer le repas et à donner son bain à la belle-mère.

Chez elle, c'était une autre belle-fille qui la lavait. Seule, elle aurait parfaitement pu le faire, mais il n'en était pas question. La règle : ta belle-mère est là, elle a un certain âge, donc tu lui laves le dos. Inutile de lui acheter une brosse pour qu'elle se débrouille seule, Moussa me l'aurait jetée à la figure.

Je sentais qu'il changeait. Je n'avais plus de communication avec lui. Il ne travaillait pas et il s'est mis soudain à faire ses prières assidûment et à lire le Coran. Je suis croyante, j'observe le ramadan, mais je ne suis pas confite en religion. Mes parents non plus. Moussa parlait maintenant de religion sans arrêt avec sa mère, il avait même des cassettes audio du Coran, et ils priaient ensemble. J'ignore ce qui s'est passé dans sa tête pour qu'il change ainsi de comportement. Je les revois encore dans le salon, accroupis tous les deux. Moi assise, épuisée. Elle, contente : « Mon fils, c'est bien, tu es rentré dans la religion. »

Je ne pouvais même plus regarder la télévision. Elle me reprochait de ne pas avoir de parabole pour les chaînes arabes. La toilette de Ryad était source de conflit. La table à langer était dans le salon, je n'avais pas d'autre endroit où l'installer en attendant un appartement plus grand, et ma belle-mère ne supportait pas de voir les couches !

« Ça pue, descends-moi ces couches à la poubelle en bas ! »

Il y avait trois étages. Et chaque fois que je changeais mon fils, j'étais donc obligée de descendre les escaliers pour jeter *une* couche. Il y avait une poubelle dans l'appartement, des sacs fermés, mais ce n'était pas suffisant, ça ne pouvait pas attendre le soir, je devais les descendre une par une !

Elle ne prenait jamais Ryad dans ses bras. Et les rares fois où elle l'a fait, il a hurlé.

Une fois, elle avait décidé de préparer le repas. C'est là que je suis devenue anorexique.

« Leila, viens manger.

— Non, je te remercie, je ne suis pas très bien, je n'ai pas faim. »

Le soir, Moussa demande à manger à sa mère :

« Ah non, non, moi, cette cuisine, je n'y mets plus les pieds, ta femme elle n'a pas confiance en moi, elle a peur que je lui jette le sort.

— Mais non, elle m'a dit qu'elle n'avait pas faim.

— Non, non, ce midi, elle n'a pas mangé *mon* plat, c'est qu'elle n'a pas confiance, donc je ne fais rien du tout. »

Elle cherchait visiblement à nous séparer pour récupérer son fils. Maintenant qu'il avait ses papiers, il n'avait plus besoin de moi.

« Mon fils, le bébé il pleure tout le temps, et moi j'ai peur dans ce salon toute seule, viens dormir à côté de moi et laisse l'enfant avec ta femme, comme ça tu pourras bien te reposer, mon fils. »

Il l'a fait. Il a pris l'habitude de dormir avec sa mère dans le salon, à trente-cinq ans ! Et son argument était très spécial : « Je dors avec ma mère parce que, le jour où elle ne sera plus là, j'aurais plus de mère, alors je profite de tous les moments. »

Elle m'avait complètement isolée. Les disputes se sont envenimées. Belle-mère ou pas, je disais ce que j'avais à dire à mon mari, mais en dehors d'elle. Elle m'a tellement poussée à bout que la situation a fini logiquement par exploser. Je pense qu'elle le cherchait, pour m'enfoncer définitivement dans l'esprit de son fils. Elle m'avait demandé une fois de plus de lui donner son bain. Une corvée encore plus pénible car j'avais toujours mal au ventre, ma cicatrice était vilaine et enflammée. Je lui lavais les épaules et le dos en silence.

« Lave plus bas ! »

C'était trop me demander. Je n'ai jamais lavé les fesses d'un adulte ! Les bébés, les petits frères, d'accord ! Mais une vieille belle-mère de quatre-vingts kilos, non !

« Je ne peux pas me baisser davantage, j'ai trop mal au ventre. »

Et je suis sortie de la salle de bains tranquillement. J'étais restée polie. Elle est sortie de l'eau, a rappliqué dans le salon comme une furie et interpellé son fils, qui s'est contenté d'observer silencieusement l'escarmouche.

« Ta femme, elle n'a pas voulu me laver !

— Bien sûr que si, j'ai fait ce que je devais faire.

— Tu n'as pas voulu !

— Je ne peux pas me baisser, ce n'est pas que je *veux* pas, c'est que je ne *peux* pas. Si tu ne me crois pas, regarde ma cicatrice ! »

Et je lui ai montré la taille de la cicatrice qui suppurait encore, pour qu'elle réalise enfin que le refus n'était pas dirigé contre elle. Mais je parlais logique, j'agissais en logique : un langage inconnu de ma belle-mère. Qu'est-ce que j'avais fait là ? J'avais fait un geste obscène devant ma belle-mère. Je lui avais montré mon ventre !

Moussa était sorti en nous laissant nous disputer. Il en avait marre, ce que je pouvais concevoir, mais il avait bien de la chance de pouvoir filer pour ne pas entendre sa mère hurler. Moi j'étais coincée, et je n'en pouvais plus de fatigue, d'insomnie, de faiblesse, elle me mettait les nerfs à vif. Je me suis réfugiée dans ma chambre à coucher et, à bout de protocole, j'ai claqué la porte en disant : « Merde, y en a marre ! »

Au retour de son fils, elle s'est mise à hurler, à pleurer, un cinéma incroyable :

« Je reste pas là, parce que ta femme ne s'occupe pas de moi, j'ai pas fait trois mille kilomètres pour qu'on m'humilie comme ça, je ne suis pas une chienne, tu te rends pas compte, mon fils ! Aucun respect, elle a baissé son pantalon, elle m'a montré son cul, elle m'a dit : tu me fais chier ! »

J'ai tenté de remettre les choses en place. J'avais montré mon ventre, pas mon cul. J'avais dit merde, pas « chier ». Et de toute façon il était hors de question que je lave les fesses de sa mère. Et à ce propos, elle ferait bien de ne remplir la baignoire qu'une seule fois par bain, et non cinq fois de suite, parce que l'eau est chère. Elle entrait dans l'eau, y trempait comme un hippopotame, vidait la baignoire, la remplissait, et recommençait quatre à cinq fois de suite pour le plaisir. Mais je payais la note. Et de toute façon elle allait m'avoir à l'usure, je le sentais. Je vivais l'enfer au lieu du bonheur d'être avec mon fils. Elle cassait la tête du sien, pour lui faire admettre que j'étais une mauvaise fille.

« Ta femme elle écoute pas, ta femme elle fait que ce qu'elle a dans la tête, c'est toi le mari, elle doit te dire où elle va, elle doit pas s'habiller en pantalon, elle doit pas sortir toute seule… »

Alors Moussa s'est mis à me demander :

« Où t'étais ? Où tu vas ? Qu'est-ce que tu fais ? »

J'avais assez galéré toute ma vie pour que ce genre de chose ne recommence pas avec lui. J'ai fini par lui dire ce que j'avais sur le cœur :

« Et puis, merde, si t'es pas content, barre-toi avec ta mère, ça m'arrangera ! J'ai un boulot, un appartement, un enfant, et pas besoin de vous ! Après tout, qu'est-ce que tu m'as apporté ?

— Ce que je t'ai apporté ! Je t'ai apporté le respect, je t'ai "couvert la tête" ! Tu es mariée !

— De toute façon je ne t'ai jamais aimé, et je ne t'aimerai jamais.

— Ah oui ? ah oui ? Alors pourquoi t'as fait un enfant avec moi ?

— C'est toi qui as fait un enfant avec moi ! Mais Ryad est là et c'est mon fils, c'est moi qui l'ai porté ! Pas toi ! Maintenant tu choisis, c'est elle ou moi ! »

Cette détresse physique et nerveuse que j'avais déjà connue et qui m'amenait au bord de la folie, je sentais qu'elle cherchait à m'envahir de nouveau et j'avais peur. Je devais préserver mon fils, à présent, tenir pour lui. Mais la belle-mère ne lâchait pas. Elle hurlait dans son coin que je parlais mal à son fils, puis elle est entrée jusque dans ma chambre pour se mettre entre nous en braillant qu'elle ne supportait pas que je parle à mon mari de cette façon. Je l'ai envoyée sur les roses.

« Ça ne te regarde pas, toi, c'est entre mon mari et moi.

— Arrête de parler comme ça à ma mère ! Je vais appeler ton père et on va reparler de cette histoire.

— Appelle qui tu veux, j'en ai rien à foutre ! »

J'avais vingt-trois ans et tout recommençait comme avant, comme toujours. Si cette femme acariâtre ne s'était pas mêlée de notre vie de couple, je pense que nous aurions pu vivre normalement. Et à la décharge de mon mari, notre échec n'est dû qu'à sa mère. Il respectait la tradition du bled en l'accueillant chez nous, prisonnier d'un protocole qui veut que la belle-mère soit au centre de la naissance du premier enfant. Il lui donnait l'exclusivité parce qu'il était conditionné de cette façon et n'avait rien connu d'autre. J'enrageais de le voir si faible, alors que j'aurais dû le plaindre.

Le nouveau tribunal se composait de ma belle-mère et de mon père cette fois.

« Ta fille, elle est mal élevée, elle répond mal à son mari. »

Mon père demeurait silencieux. Il devait bien se rendre compte que j'étais à bout de forces et il n'aimait pas non plus cette femme. Il m'avait mariée de force, j'avais une belle-mère de force... J'attendais encore un geste, une parole de lui.

« Leila, est-ce que c'est vrai ce que dit ta belle-mère ? »

J'ai tout raconté, en essayant d'être calme, mais je n'y parvenais plus. Mon père m'a prise à part.

« Elle n'est pas là pour longtemps. Il faut que tu arrives à prendre sur toi. Fais-le pour Ryad. Pas pour elle ni pour moi, mais pour ton fils. »

Il est reparti en disant à Moussa et à sa mère :

« Je m'excuse pour elle ! »

Mais pas moi. Il était hors de question que je le fasse. Il avait à peine quitté la maison qu'elle m'attaquait de nouveau.

« Maintenant tu descends cette couche !

— Non ! Il y a une poubelle ici. En France, c'est comme ça que ça se passe, je descendrai le sac-poubelle quand il sera plein. »

Elle s'était assise, accroupie, les jambes repliées, et m'a offert un spectacle qui m'a sidérée.

« Je suis tombée ! Elle va me rendre folle ! Elle va me rendre folle... »

Et elle hurlait cette litanie incessante. Elle se griffait le visage. Elle a enlevé son foulard pour me maudire :

« Leila, une pour moi, dix pour toi ! »

196

Autrement dit, si j'ai une malédiction toi, tu en auras dix. Je regardais ça, en me disant : «Mon Dieu, c'est pas possible, je ne suis pas sur terre, je fais un cauchemar.»

J'étais en train de changer Ryad sur la table à langer, malheureusement installée dans le salon, quand la scène invraisemblable s'est brutalement déclenchée. Une couche à la main, mon bébé en équilibre qui attendait, je ne pouvais pas bouger. Moussa a surgi de je ne sais où, en voyant sa mère dans cet état, il a piqué une crise de nerfs à son tour.

Il a déchiré sa chemise, il se tapait sur la poitrine, il se griffait jusqu'au sang... de l'hystérie complète.

«Je te pardonnerai jamais, tu as fait du mal à ma mère, tu veux tuer ma mère.»

Je les regardais tous les deux, cette femme âgée, cet homme adulte, les yeux écarquillés de stupéfaction. Elle s'est levée, m'a poussée violemment contre le mur.

«Je te pardonnerai jamais! Tu m'as pris mon fils! Je te le jure sur le Coran, tu resteras pas la femme de mon fils, tu le mérites pas!»

J'ai été prise à mon tour d'une rage folle, ça devait être contagieux à la longue.

«Moi j'ai pris ton fils? Qui a pris la vie de l'autre? Qui est-ce qui est venu demander l'autre en mariage? Qui ne voulait pas se marier? Qui ne voulait pas de lui? Je vous déteste! Je vous hais tous les deux! Je n'ai jamais voulu de cet homme. Il est fou, on n'a rien à voir ensemble! Tu crois que ton fils est un roi, tu crois qu'il est irremplaçable? Il y a des hommes beaucoup mieux que lui, et je mérite mieux que lui! C'est lui qui ne me mérite pas.»

J'aurais pu dire surtout qu'il s'était servi de moi tout simplement pour obtenir des papiers. Mais je n'y pensais même plus, tellement j'étais folle de rage. Cette expression : «Tu ne mérites pas mon fils », m'était insupportable à entendre, forcément.

J'ai insulté Moussa :

« Connard ! Tu m'as tout pris, tu m'as tout pris ! »

Ils m'avaient rendue folle, je ne voyais plus rien. Je suis partie en chaussons et tee-shirt, j'ai couru dans l'escalier, couru dehors en plein hiver, il neigeait, et je ne pensais qu'à une chose, me foutre en l'air. S'il y avait eu un balcon, je sautais dans le vide.

J'ai traversé tout le quartier comme une furie, je me suis jetée dans une cabine téléphonique. Pour appeler ma mère :

« Maman, tu sais quoi ? Merde, merde, à tout le monde ! Tu perds ta fille, tu la perds définitivement, adieu ! Occupe-toi de Ryad, c'est tout ce que je te demande. »

Même Ryad n'existait plus pour moi à ce moment-là. J'ai traversé cette ZUP en courant. Je voulais mourir. Je courais vers la route nationale en parlant toute seule : « Vas-y, fous-toi en l'air une bonne fois pour toutes. » Je voulais qu'un camion arrive et qu'il me passe dessus.

Étrangement, j'ai toujours rencontré quelqu'un au dernier moment des pires instants de ma vie. C'est une voiture qui est arrivée, avec au volant une amie de la famille. Juliette. Une grande et bonne « mamma » noire comme l'ébène, puissante et le cœur sur la main.

Elle m'avait reconnue, grelottante au bord de la route, le visage en sang parce que je m'étais cogné la tête dans cette cabine téléphonique.

« Leila ? Mais qu'est-ce que tu fais là ? Qu'est-ce qui t'arrive ? »

Je sanglotais, je n'arrivais plus à articuler. Les mots restaient bloqués dans ma tête. J'ai eu l'impression que j'étais devenue muette d'un seul coup et que je ne pourrais plus jamais parler. Elle essayait de me faire monter dans sa voiture, mais je me débattais dans un silence qui m'étouffait. Je ne voulais ni d'elle ni de sa voiture, je voulais passer sous les roues d'un camion. Qu'il m'écrase, moi et ma vie de merde.

Elle a bien compris que j'étais vraiment en danger.

« Je te dis que tu vas monter dans cette voiture. S'il faut que je te flanque une claque, tu vas l'avoir ! Monte ! »

Comme je la repoussais, elle m'a attrapée par le cou et soulevée comme une plume.

J'étais si maigre, et elle si forte, qu'elle n'a pas eu de mal. Elle m'a attachée sur le siège arrière.

« Tu bouges pas de là ! Je t'emmène chez moi ! »

Elle m'a installée dans sa chambre, et, quand j'ai pu sortir un mot, je bafouillais en la suppliant :

« Personne… préviens pas… seule… seule… »

Je voulais être vraiment seule, j'étais perdue, affolée, mon cerveau ne fonctionnait plus.

« D'accord, je te laisse là toute seule, mais je t'enferme à clé ! Écoute-moi bien, je reste à côté, je ne bouge pas. Pleure un bon coup, crie si tu veux ; même si tu dois y passer la journée, tu ne bougeras pas d'ici tant que tu n'arriveras pas à sortir un mot et à avoir les idées claires. »

Et elle m'a enfermée à clé. Je me suis recroquevillée sur le fauteuil. Et là j'ai vraiment pleuré. Je regardais dans le vide, je ne pouvais plus respirer par moments, les sanglots s'étranglaient dans ma gorge. Je me demande aujourd'hui d'où sortaient toutes ces larmes.

Pendant ce temps, ma mère avait alerté tous les amis et envoyé mes frères me chercher. Ils faisaient le tour des immeubles. L'un d'eux a sonné chez Juliette.

« Non, non, j'ai pas vu Leila, pourquoi ? Qu'est-ce qui se passe ?

199

— On a perdu ma sœur. Si vous la voyez, il faut nous le dire. »

Juliette avait envie de lui dire : « Rassure-toi, elle est là. » Mais elle ne savait pas ce qui se passait, et surtout qui m'avait mise dans cet état. Pour elle j'étais en fuite, c'était grave, mais elle n'avait pas encore réalisé que je voulais passer sous un camion, puisque je n'avais même pas été capable de le dire.

Je suis restée chez elle le reste de la journée. Une fois vidée de larmes, mon cerveau retrouvait peu à peu ses capacités. Je ne supportais pas cette vie, mais d'autres filles mariées de force comme moi la supportaient. J'en connaissais. Je trouvais qu'elles gâchaient leur chance de vivre ici et d'être libres dans un pays libre. Je m'estimais nulle, moi-même, de passer de crise de désespoir en fugue, de crise de tétanie en dépression suicidaire. Je n'arrêtais pas de lutter, de me battre, mais je ne gagnais jamais. Tous ces gens qui parlaient d'intégration ne réussiraient jamais à nous sortir de là. Ils n'avaient pas le mode d'emploi pour le faire. Nous-mêmes, les filles des collèges et des lycées, on se montait la tête en prétendant que « jamais » les parents ne nous feraient ça... Jamais on ne nous marierait de force à un blédard. Parce que nous dirions « non ». Et pour certaines d'entre nous, c'était pourtant « oui » de force. Nous étions prises dans un système, certaines avaient des enfants et j'avais l'impression qu'elles allaient faire vivre la même chose à leurs filles. Recommencer éternellement ce qu'elles avaient vécu elles-mêmes. Où se trouvait la solution ? Depuis que j'étais née, la communauté musulmane en France n'avançait pas, elle reculait.

À l'école, je n'avais jamais vu de filles voilées, et voilà qu'elles défilaient dans les rues.

Que fallait-il faire pour que les familles évoluent ? Un territoire particulier ? Où ils pourraient régner comme ils en avaient envie, portes closes sur les filles ? Certainement pas, puisque ce territoire clos existe déjà dans les quartiers. La seule bulle d'oxygène pour ces filles, c'est l'école justement, et le collège, les études. C'est le savoir qui leur permet de dépasser les traditions moyenâgeuses et d'évoluer. Un endroit où la religion et les traditions de chacun s'arrêtent à la porte, je l'ai connu enfant, et on était bien.

Quand je regarde les reportages sur ces filles qui veulent être voilées à l'école parce que c'est leur choix… j'ai vraiment des doutes. Certaines le font probablement pour récupérer une identité perdue. Une crise d'adolescence qui prend une autre forme que la mienne. Mais beaucoup se voilent, je le sais, simplement pour avoir la tranquillité, pour que les frères leur fichent la paix : « Ma sœur est voilée, c'est bon, je peux glander tranquille ! »

L'une d'elles m'a dit : « Entre toi et moi, depuis que j'ai le voile sur la tête, mes frangins, mes parents, tout le monde me fout la paix. Je peux aller n'importe où et faire ce que je veux. J'ai des petits copains, je peux fumer une clope tranquille, ils n'imagineront jamais que moi, voilée, je puisse fumer une cigarette ! »

Mais cette solution ne me plaît pas du tout. D'abord, parce qu'elle est basée encore et toujours sur le mensonge, et qu'insidieusement autour de ce voile les parents, les frères, les maris peuvent plonger à fond dans la religion, personne n'est à l'abri. Du jour au lendemain, nous pouvons nous retrouver face à un intégrisme dur. Moussa était en train de le faire.

Et si le voile devait devenir légal en France, personne n'empêcherait plus les familles de le rendre obligatoire : « Puisque c'est permis à l'école, mets-le ! » Il y a déjà des filles que les parents obligent à mettre le voile pour pouvoir plus facilement les marier, parce que certains hommes les recherchent.

Quant à moi, j'en étais toujours au même stade ce jour-là. Coincée entre un mari et une belle-mère, j'avançais à pas de fourmi comme dans mon adolescence. Chaque fois que j'arrivais à faire comprendre quelque chose à mes parents ou à Moussa, la fourmi avançait d'un pas.

Cette fois, la fourmi était presque écrasée. Je m'étais conduite comme une malade mentale, j'avais laissé mon fils tout seul, mon tout petit bébé, au milieu de ces deux hystériques ! Pour aller mourir et l'abandonner définitivement ? Je méritais des claques.

Juliette a laissé entrer mon petit frère quand il est revenu sonner à sa porte. Il pleurait dans l'interphone. Maman avait récupéré Ryad, que ma belle-mère avait déposé dans son panier, sur le paillasson ! La porte de chez moi à peine entrouverte, elle avait attaqué d'emblée comme une furie :

« T'es venue comme avocate pour défendre ta fille ? Ta fille, tu sais ce qu'elle a fait ? »

Et elle était repartie avec son histoire de refus de lui laver les fesses, d'indécence à lui montrer mon ventre. Pour ma mère, le problème était simple.

« Laisse-les vivre. Ma fille a tout fait pour que ça se passe bien avec Moussa, et tu viens bousiller leur existence. Ma fille n'est pas de trop ici, elle est chez elle, mais, si elle doit revenir à la maison, elle reviendra à la maison avec son fils. »

Quant à Moussa, il en a pris pour son grade.

« Toi, je te préviens ! S'il arrive quoi que ce soit à ma fille, ou à mon petit-fils, ça finira très mal pour ta peau. »

Je crois qu'elle aurait été capable de pousser mon père à porter plainte au Maroc contre lui. Il commençait à avoir peur, et à proposer de partir avec elle à ma recherche. Elle l'a envoyé promener. Si quelqu'un devait me récupérer, c'était elle, pas lui. Et le bébé, elle l'embarquait. La belle-mère s'est remise à hurler.

« C'est toi, une femme, qui commandes la famille ?

— Et toi, c'est pas ce que tu cherches à faire ? »

Quand ma mère m'a raconté plus tard la scène du « combat de belles-mères », et la tête de Moussa au milieu, j'étais provisoirement vengée de mon malheur.

Elles se sont affrontées gravement, une bonne bataille d'insultes, à l'arabe, comme au village. Et, pour finir :

« Ton fils Moussa, tu crois que c'est un homme ? Au lieu de dormir avec sa femme, il dort avec sa mère, c'est normal, ça ?

— Aiouili… Elle parle de la sexualité de mon fils ! »

Le « fils à sa mère » s'est jeté dans le combat pour son honneur :

« De quel droit tu te mêles de ma sexualité ? Qui a pris ta fille ? Qui lui a couvert la tête ? Qui l'a protégée de la parole des autres ?

— La pire bêtise qu'on ait faite, et je m'en voudrai à vie, c'est de t'avoir donné notre fille ! »

Fin de séance. Et nouvelle crise d'hystérie de la mère et du fils.

« Ma petite maman chérie, je t'ai amenée ici, pardonne-moi, que Dieu me pardonne parce que je te fais souffrir, je te fais pleurer… »

Ma mère m'a dit qu'elle s'était crue dans un film.

Je suis donc retournée chez mes parents avec Ryad. À l'abri. Je pensais déjà secrètement au divorce en attendant mon fils, mais je gardais encore cette idée pour moi. Je ne pouvais pas faire ma vie avec cet homme et le laisser élever mon enfant. Il avait à peine un mois d'existence et il entendait déjà des cris de fous autour de lui. Ni lui ni moi n'aurions une existence normale.

Mon père commençait à comprendre et m'avait dit :

« Tant que l'autre est là, tu ne remets pas les pieds chez toi. »

J'enrageais tout de même. C'était moi qui payais le loyer ! Je n'avais pas un centime d'économie et, s'il arrivait quoi que ce soit à Ryad, je ne saurais plus quoi faire.

Les jours passaient et tous les matins mon père m'amenait chez moi, pour que l'infirmière me fasse des piqûres contre la phlébite. Elle venait à domicile, je ne pouvais pas lui demander de faire des kilomètres en supplément. Mon père m'attendait dans la voiture.

« Surtout ne fais pas de scandale. »

J'entrais et je les regardais dormir, toujours ensemble, ignorant qu'il faisait jour et que le monde travaillait autour d'eux. Alors je faisais du bruit, je claquais les portes, les tiroirs, et je mettais même de la musique.

« Leila, ça suffit, arrête de faire du bruit, ma mère elle dort !

— Je m'en fous. Je cherche des affaires. »

Je n'affirmais pas encore : « Je suis chez moi. » Le moment n'était pas venu. Je voulais d'abord que sa mère retourne au Maroc, et si possible lui aussi.

Et un matin, j'ai décidé de les provoquer. Je suis arrivée maquillée, coiffée, habillée comme si j'allais à un rendez-vous. D'habitude j'étais plutôt délabrée, incapable de la moindre coquetterie. J'espérais qu'ils allaient céder devant ce qu'ils considèrent comme une agression insupportable, et foutre le camp de chez moi. Moussa est tombé dans le panneau :

« Tu vas où comme ça ?

— Tu t'intéresses à moi ? C'est nouveau.

204

— Tu es maquillée, habillée, tu n'as pas Ryad, tu vas où ?

— Ça ne te regarde absolument pas. Salut, bonne journée, à demain. »

Un autre jour sa mère était réveillée, et dès qu'elle m'a vue, elle a mis la couverture sur la tête. Je me suis défoulée en français :

«Vipère, va, imbécile ! Elle est vraiment trop bête cette bonne femme ! Tu crois que je ne t'ai pas vue te cacher ! »

Je savais qu'elle allait se plaindre à son fils : «Elle m'a dit des insultes en français, j'ai pas compris… » Mais comme il dormait, il ne pourrait pas lui traduire. Ils dormaient tout le temps. Ils ne faisaient que ça, parler du Coran, prier, manger et dormir. Mais ils le faisaient chez moi ! Et il nourrissait sa mère sur mon dos !

Elle avait voulu du poisson, il y avait du poisson dans la cuisine ! Alors qu'une fois, une malheureuse fois, pendant ma grossesse, j'avais eu une envie terrible de poisson et qu'il m'avait répondu : «C'est trop cher ! »

J'avais attaqué à l'insulte ce matin-là.

«Moussa ? Espèce de salopard ! C'était trop cher pour moi le poisson ? Et celui dont vous vous empiffrez ? C'est avec l'argent de qui ?

— Pourquoi tu m'insultes !

— Et la voiture dans laquelle tu roules avec ta mère, qui l'a payée ? Pour ta mère, rien n'est cher, avec mon fric ! »

Elle a voulu profiter de la scène, évidemment :

«C'est pas possible avec elle ! Tu pourras pas la tenir, mon fils ! Tu vas être malheureux. Tu imagines avec un seul enfant comment elle est déjà ? N'en fais pas d'autres, n'en fais pas d'autres, mon fils ! »

Encore faudrait-il que j'en veuille, de son fils. Je suis partie en claquant la porte.

Au bout de deux semaines, j'en avais assez de faire des allées et venues, de ne pas avoir mes affaires. Et de les provoquer sans résultat tangible. J'ai réfléchi : « Leila, tu travailles, tu es en congé maternité, mais ton salaire est toujours là, et ils en profitent. Et finalement elle a gagné puisque tu es partie. Si tu restes chez tes parents, elle ne s'en ira jamais. Elle va bloquer dans ton appartement, avec son fils chéri, et tu n'auras plus rien. Donc changement de méthode, ma fille, tu rentres chez toi ! »

C'était la guerre. Je venais de décider de tuer mon mariage avec préméditation.

Préméditation

Les dernières pages de mon journal, silencieux jusqu'ici, se sont déroulées comme un ultime marathon. J'ai atteint l'arrivée sur le fil, à bout de souffle.

Je n'étais ni une héroïne ni une guerrière. Je me suis souvent comparée à une mouche fragile prise au piège, interdite de vol. Parfois à une fourmi avançant pas à pas en terrain dangereux. Je voulais me débarrasser de ma belle-mère, un véritable poison dans ma vie de femme et de jeune mère de famille. Elle me volait le seul bonheur en ma possession, mon fils. Par son comportement odieux, cette femme de soixante-cinq ans, monstrueusement attachée à son fils de trente-cinq ans au point de dormir avec lui, de lui «manger le cerveau» en permanence, nous contraignait Moussa et moi à l'affrontement perpétuel. Elle détruisait sa vie, il était pris au piège lui aussi.

J'avais repris mon travail. Je tenais le coup au domicile conjugal, dans la mesure où Ryad était chez ma mère. J'ai eu besoin d'un document d'aide sociale et je me suis rendue à la mairie pour l'obtenir. Au guichet, l'employé me dit :

«Il faudra dire à votre mari qu'il manque des papiers pour établir le dossier de sa mère.

— Quel dossier?

— La demande de carte de séjour!

— Je n'étais pas au courant!»

J'ai découvert ainsi que mon mari avait fourni mes fiches de paie, une attestation prétendument signée par moi, et par lui, disant que nous étions prêts à prendre sa mère en charge. Il l'avait qualifiée de « veuve sans ressources ». D'une part, je n'avais signé aucun document, il avait fait un faux. D'autre part, mon beau-père n'était pas mort, et qui plus est suffisamment fortuné pour subvenir aux besoins de son épouse. S'il ne l'était plus, ses fils étaient largement capables de le faire au Maroc, mais certainement pas moi avec mon salaire de misère !

Moussa avait produit un faux certificat de décès de son propre père que l'employé examinait maintenant sous toutes les coutures :

« Comment il l'a obtenu ?

— Je l'ignore. Mais tout se fabrique à la demande.

— Ah bon ! C'est comme ça ? Je vais m'occuper d'eux.

— J'aimerais mieux qu'ils ne sachent pas que je suis intervenue. Ma situation est déjà compliquée avec eux…

— Ne vous inquiétez pas, c'est tout simple, je vais demander le livret de famille, le décès doit y être enregistré, normalement. »

Bien entendu Moussa n'a pas pu fournir le livret de famille en question, portant mention du défunt. Il était furieux, mais coincé, et il n'a jamais su comment.

Adieu la carte de séjour de la belle-mère ! Et pourquoi pas le minimum vieillesse et la Sécurité sociale gratuite avec une petite fortune au Maroc en cas de besoin ?

Sa combine aurait peut-être pu fonctionner. Il en existe bien d'autres. Au bled, des intermédiaires proposent de l'argent aux filles en vacances pour qu'elles « fassent les papiers ».

« Je te donne la somme que tu veux, il te touche pas, tu le touches pas, et tu l'emmènes en France. »

Des familles ont fait entrer en France des enfants qui n'étaient pas les leurs. Même des nouveau-nés. Je suppose qu'ils les déclarent d'abord à leur nom au Maroc, comme enfants conçus hors mariage par exemple, et le tour est joué, ils seront élevés en France. D'autres font pire en amenant des gamines portant leur nom, qui en réalité leur servent de bonnes. J'en ai connu qui ont fini par se sauver tellement elles étaient maltraitées. On connaît tous plus ou moins ces histoires dans les quartiers.

J'ai mal au cœur d'en parler, mais n'importe quel papier peut être acheté chez nous. Un extrait d'acte de naissance, ou de décès, ou un certificat de célibat. J'ai su le cas d'un homme, marié, qui a payé une jeune Française d'origine maghrébine pour l'épouser avec un faux certificat de célibat. Comme l'acte de mariage marocain n'est pas reconnu en France, il n'y avait eu aucune enquête en amont. Une fois qu'il a eu ses papiers d'identité, cet homme a divorcé en France et a fait venir du pays sa véritable femme et leur fille. Le système est simple, il a divorcé de sa vraie femme, et l'a épousée une seconde fois en bonne et due forme au consulat. Ce sont des choses que l'on sait et que l'on se raconte entre nous, mais que personne ne dénonce. Il faudrait avoir l'esprit délateur.

Ce genre de combine me fait surtout enrager parce qu'on utilise essentiellement le mariage des filles pour la mener à bien. Marocaines, beurettes ou françaises, les filles sont des proies. Les clandestins disent qu'il est plus facile d'attaquer une Française. C'est une économie d'abord ! Il n'y a pas l'histoire de dot ni de dépenses pharaoniques pour le mariage.

Jouer à l'amoureux transi, c'est très facile. Ils sont forts pour ça, un tour de charme et la fille y croit, alors que le garçon se sert d'elle et de ses sentiments pour obtenir ce qu'il veut. Et qui se retrouve en morceaux ? Elle ! Soit on l'emmène au bled, soit on la pousse à bout jusqu'à ce qu'elle demande le divorce. Une de mes copines est tombée dans ce panneau. J'ai tout essayé pour le lui faire comprendre.

« Sylvie, réfléchis, tu le connais depuis deux mois, il t'a accostée dans la rue, tu ne le vois que dans les cafés, c'est un clandestin !

— Non ! Il est étudiant, il sera ingénieur ! Il a une carte de séjour ! »

On les connaît les étudiants qui seront ingénieurs. Soit la carte de séjour est fausse, soit il est effectivement étudiant, mais sa carte arrive en fin de compteur. C'était le cas du garçon. Il était beau, grand, mince, tout sourire, et la jeune fille sans séduction particulière. Sa famille était inquiète, son frère surtout, car manifestement elle était en train de se faire embarquer.

« C'est l'amour de ma vie, Leila, mes parents ne comprennent pas. Il a eu le coup de foudre, il voudrait qu'on se marie. »

Je me suis mise en colère.

« Un mec inconnu te drague dans la rue en plein Paris, il t'invite à boire un café, il te retourne la cervelle, alors que tu n'attends qu'une chose, c'est qu'on tombe amoureux de toi ? Je te jure, sur la tête de mon fils, qu'il va te demander en mariage avant l'expiration de sa carte de séjour.

— Mais non, mais non.

— Mais si ! Ce gars t'a repérée, il a bien vu que tu rêves au grand amour ! Si tu l'épouses, il va faire ses papiers d'identité en vitesse et se barrer ou alors t'emmener au bled et te mener une vie d'enfer jusqu'à ce que ce soit toi qui demandes le divorce.

— Mais non, c'est pas parce que tu as vécu une histoire terrible qu'il faut généraliser. »

Les Français pensent à la française, pas en arabe. Mais en tant que fille rebeu, née en France, je pense dans les deux langues. L'histoire de ma copine s'est terminée comme je l'avais dit : mariage avant l'expiration de la carte de séjour. Il lui avait aussi promis un grand mariage en Algérie, qu'elle attend toujours.

Elle ne parlait plus guère d'amour après ça. Pourtant personne ne l'avait obligée, ses parents l'aiment, elle n'avait pas vécu comme moi, elle voulait seulement qu'on l'aime. Comme tout le monde.

J'avais décidé, en ce qui me concerne, de tuer mon mariage avec préméditation. Sans arme autre que mon sale caractère, probablement issu de mes origines berbères. Un détail me mettait en rogne : la voiture que Moussa avait achetée avec mon argent, dont j'étais responsable puisque la carte grise était à mon nom et l'assurance également. Il me demandait même de lui faire le plein pour aller chercher Ryad en garde chez mes parents depuis que je retravaillais. J'avais peur de laisser mon fils seul avec son père. Il ne le surveillait pas, l'abandonnait dans l'appartement pour aller boire un café, alors qu'il n'avait que trois mois.

Cette histoire de voiture a déclenché le premier contact physique violent. En fait, c'est moi qui ai commencé. Je ne supportais pas de voir sa mère trôner à ma place dans cette voiture, et promenée comme une princesse alors que j'étais à pied. La bagarre a commencé alors qu'il se garait en bas de l'immeuble. Je regardais sa mère en descendre, la rage au ventre. J'ai attendu qu'elle pénètre dans l'immeuble et j'ai foncé sur Moussa :

« Ouvre la portière !

— Je te préviens, si tu me fais un scandale ici...

— Je m'en fous du scandale ! Tu crois que c'est normal que ta mère bloque chez moi, et que tu la trimballes dans *ma* voiture ?

— Pas chez toi ! Chez nous !

— Oh non ! Chez moi ! »

Et j'ai repris l'histoire à zéro, depuis le début, avec une violence et une agressivité désespérées. J'ai attaqué sur tous les flancs, ceux de sa mère. Je me suis même montrée vulgaire. Et il est tombé dans le piège en attaquant la mienne :

« Et ta mère ? Pour qui elle se prend ? Elle a dit que je ne dormais pas à côté de ma femme !

— Tu dors avec ta mère, non ?

— Alors, la tienne, elle veut peut-être que je la saute ! »

C'est parti en mode automatique, je lui ai mis une claque. Il est devenu blanc.

« Descends de la voiture tout de suite.

— Je ne bouge pas d'ici.

— Descends de cette voiture, ça vaut mieux pour toi !

— Non. La carte grise est à quel nom ? Madame ! L'assurance ? Madame ! Alors tu fermes ta gueule. Et si quelqu'un doit descendre, c'est toi !

— Tiens, prends-les tes clés, prends tout, j'en veux pas de cette voiture.

— Merci, c'est tout ce que je voulais. »

Il a filé rejoindre sa maman chérie. J'ai pris les clés de la voiture et téléphoné à un de mes frères. Il venait d'avoir son permis.

« Qu'est-ce qui se passe encore ?

— Tu as le permis ? Tiens, tu as une voiture, tu peux rouler. »

Mon père a essayé de me calmer : « Leila, non ! Ne va pas jusque-là… » Mais son regard voulait dire : « Je ne me mêle plus de rien, je perds le contrôle. » Mon frère s'est sauvé avec la voiture, heureux comme un prince.

Moussa ne s'attendait pas à une telle rapidité.

« Elle est où, la voiture ?

— Partie! Elle est à moi, je viens de la donner. C'est con, hein?

— Qui l'a prise?

— Laisse tomber! Tu ne peux rien faire! Tu veux aller au commissariat déposer plainte? Elle est à moi, et on ne me l'a pas volée!»

Le soir même, après avoir récupéré Ryad chez mes parents, j'ai prévenu une de mes voisines de palier, une Française de souche avec laquelle j'ai des rapports particulièrement amicaux.

«Je rentre au "bercail". Si tu entends des coups dans les murs, ne t'inquiète pas, c'est normal. La guerre est déclarée.

— Tu veux que je garde Ryad avec mon fils?

— S'il y a un problème, je te l'amène! Allez, j'y vais. À la guerre comme à la guerre!»

J'ai aperçu une belle-mère radieuse, affalée sur le divan, contente d'être seule avec son fils adoré et croyant avoir gagné la partie. Dès qu'elle m'a vue, le sourire est retombé, le masque!

Elle fixait Moussa des yeux comme pour l'hypnotiser : «Ne t'approche pas d'eux!» Soudain, il était incapable de prendre son fils dans ses bras devant cette interdiction muette. Elle a attaqué la première.

«T'es là? Pourquoi t'es venue?

— Parce que je te signale une chose, entre nous, c'est chez moi ici. D'accord? C'est mon appartement.

— Tu pourrais avoir le respect d'attendre que je parte.

— Attends, je t'explique! Tu vas bientôt faire tes valises et partir.

— Ne parle pas comme ça à ma mère!

— Toi, tu me suis dans la chambre!»

Je sais pas pourquoi, depuis quelque temps, je lui parlais comme mon père : «Tu me suis dans la chambre!»

Je me sentais forte, décidée à gagner, il fallait qu'elle parte. Il m'a suivie sans piper.

« Écoute-moi bien maintenant, tu es bien réveillé, les oreilles bien ouvertes ?

— Vas-y, qu'est-ce que tu veux ?

— Nous sommes mercredi. Samedi matin au plus tard, ta mère est partie ! Tu te démerdes comme tu veux !

— Mais comment je vais faire pour payer le billet ?

— Ah oui ! Au fait, j'ai changé de compte, mon salaire n'est plus viré sur le compte commun, alors, si tu as des économies, tape dedans.

— Pourquoi tu as fait ça !

— Mais parce que c'est mon salaire qui alimentait le compte joint, et que tout ton argent part au Maroc. Les Assedic que tu touches, je n'en vois pas un centime ! Alors je me suis ouvert un compte personnel. Maintenant, c'est fini, Moussa ! Fini la poule aux œufs d'or !

— On verra.

— C'est tout vu !

— Et si, samedi, on est encore là, qu'est-ce que tu vas faire ?

— Tu prends un risque. Soit tu la ramènes au Maroc tranquillement et elle est encore en vie, soit tu risques de la trouver un jour scotchée contre un mur ou pendue au lustre. C'est à toi de voir. Mais je te jure que, si samedi elle n'est pas partie, à la moindre remarque je l'explose. »

Il m'a regardée bizarrement, je lui faisais peur. Et il était humilié de devoir annoncer la nouvelle à sa mère. Je suppose qu'il a prétendu avoir pris seul la décision, en tout cas elle n'a rien dit. Mais j'ai entendu une conversation téléphonique avec un de ses frères qui lui disait clairement : « C'est ta mère qui a foutu la merde dans ton couple. »

Et son père avait ajouté : «Si j'étais venu en France, il n'y aurait pas eu toutes ces histoires. Ta mère est mauvaise. Où qu'elle aille, il faut qu'elle allume le feu.»

Et il ne savait pas que son fils l'avait tué sur le papier! C'est ce genre de comportement que l'on appelle freudien ?

J'écoutais avec délices, le haut-parleur du téléphone étant toujours branché lorsque l'un de nous appelait au Maroc. Pour que toute la famille profite des nouvelles. La belle-mère avait beaucoup de chagrin!

«Même mon propre fils n'est pas de mon côté, mon propre mari n'est pas de mon côté!»

C'était elle la victime. Vendredi matin, il m'a annoncé leur départ.

«Demain, on prend le car avec ma mère, je la ramène au Maroc.

— C'est bien, bonne route.»

Je m'étais servie des armes de l'adversaire, à l'arabe, palabres, humiliations, insultes, j'avais monté une embrouille imparable. Et ma mère, à qui j'avais tout raconté, était aussi contente que moi. Maintenant elle était mon alliée, mais je n'avais pas encore parlé de divorce.

Je me souviendrai toute ma vie de ce vendredi libérateur. Elle était dans la cuisine à préparer de quoi manger pendant le voyage. Je n'avais rien acheté, rien préparé, Moussa avait été obligé de faire les courses lui-même. Je pensais : «Débrouille-toi maintenant, tu passes les dernières heures de ta vie dans ma cuisine!»

Je ne l'ai pas aidée à faire ses bagages, ni lavé son linge, ni elle, ce que j'aurais dû faire normalement. Elle s'est lavée toute seule et je n'ai pas manqué de lui rappeler qu'en France on ne remplit la baignoire qu'une fois : «On se lave dedans, on se rince et c'est bon.»

Elle n'a rien dit. Mais, au repas du soir :

« Tu sais, Leila, il faudrait que tu fasses des efforts avec ton mari. Maintenant tu n'appartiens plus à la famille de ton père, tu appartiens à celle de Moussa.

— Écoute-moi bien, je suis la fille de mon père, mon fils est son petit-fils. Il est sorti de mes entrailles et de celles de ton fils, j'ai un père et une mère, comme lui a un père et une mère. »

Et je suis rentrée dans ma chambre en claquant la porte. À quatre heures du matin, ils étaient sur le départ.

« Leila, lève-toi ! Viens dire au revoir au moins.

— Au revoir, ne faites pas de bruit, Ryad va se réveiller. Tu fermeras la porte à clé, s'il te plaît. »

Et ils sont partis. Je me suis mise à crier de joie comme une gamine :

« Waouhouh ! Enfin les vacances ! »

Quinze jours de tranquillité se sont écoulés, j'étais bien, plus rien ne pouvait m'atteindre. J'avais eu le récit du retour par ma belle-sœur, contente que je l'aie en quelque sorte vengée du dragon. Elle m'a rappelée :

« Leila, je t'avais promis de te prévenir : il est reparti, lundi matin à l'aube il sera chez toi. Fais attention.

— Attention à quoi ? J'ai rien à me reprocher.

— Il en veut à ta famille et il est remonté comme jamais. »

Je ne m'inquiétais pas trop. Par contre, j'étais furieuse qu'il n'ait pas pris de nouvelles de son fils pendant deux semaines. Mon petit Ryad, mon jardin de vie, depuis qu'il était dans mon ventre, il n'avait jamais connu une journée sans histoires et sans cris entre nous deux.

Je me suis préparée psychologiquement tout le week-end. Mon plan était diabolique. Il allait arriver fatigué, il voudrait dormir, alors pendant qu'il dormirait je prendrais ses clés dans sa poche, je les cacherais, je fermerais la porte de l'appartement à clé, et nous aurions une explication, rien que lui et moi, à huis clos. Un duel. Je me préparais à un combat à mort.

J'avais prévenu mes voisins de palier, toujours avec mon numéro de clown :

« Il arrive ! Je pense que le combat va durer quelques heures. Vous allez en entendre de toutes les couleurs ; si vous m'entendez appeler au secours, venez à ma rescousse ! Si c'est lui, vous laissez faire... »

Je rigolais toujours, mais je savais très bien que ce genre de bagarre entre mari et femme peut réellement tourner au drame.

Il est arrivé au petit matin, surpris de me trouver seule avec Ryad. Il s'attendait à ce que je sois entourée de mes frères pour ce combat.

Je faisais semblant de dormir, mais je guettais. Il a pris une douche et est venu se coucher à côté de moi. Je me suis levée pour aller m'allonger sur le divan avec mon fils.

J'ai attendu qu'il dorme profondément, puis je suis allée examiner ses papiers personnels dont il ne se séparait jamais. Je prenais mes précautions en vue du divorce. J'ai pris ce dont j'avais besoin dans une enveloppe, et je suis allée les cacher sous le paillasson de ma voisine. J'ai refermé doucement la porte à clé, j'ai subtilisé son trousseau, je l'ai planqué sous le tapis et me suis recouchée.

Lorsqu'il s'est réveillé, il a pris Ryad dans ses bras.

« Mon bébé, mon bébé.

— Ah oui, maintenant c'est ton bébé ! »

C'était parti. Il s'est mis à insulter ma famille, le premier stade d'une bagarre classique chez nous : ton père, ta mère, tes frères...

J'ai répliqué sur le même thème avec une vulgarité incroyable. Je m'y suis jetée à corps perdu, avec la sensation d'avaler du miel. Jusqu'au moment où il a reculé.

« Je me casse.

— Ah, parce que tu crois que tu vas te casser comme ça ? Tu rêves ! »

Il fouillait dans ses poches à la recherche de son trousseau de clés en répétant :

« Je me casse, je me casse.

— Cherche ! Tu ne les trouveras pas ! J'ai un compte à régler avec toi, ce n'est pas toi qui décides quand tu pars. On a des choses à se dire et on va se les dire ! Ta mère et toi, vous m'avez rendue folle, et tu imagines filer comme ça ?

— Leila, laisse-moi ouvrir la porte, ça va très mal finir. »

La tension montait de plus en plus.

« Ouvre cette porte ou je saute par la fenêtre !

— Ça m'arrangera, je ne serai pas considérée comme divorcée, je serai veuve ! Mais tu vas faire de la peine à ta maman chérie !

— Putain, je sais pas ce qui me retient, je sais pas ce qui me retient ! »

Il a donné un violent coup de poing dans le mur. J'ai eu un sursaut de peur : si j'avais pris ce coup de poing, j'étais par terre pour de bon. Mais j'étais décidée à le pousser à bout pour obtenir la rupture à mes risques et périls. Sa mauvaise foi était incroyable.

« Tu te rends compte de tout ce que j'ai dépensé pour toi ? Tu sais ce que tu m'as coûté ? Ma mère a été sympa, elle t'a ramené un cadeau pour Ryad, et elle t'a donné cent francs !

— Qui venaient de mon compte. Tu me l'as dit toi-même en les reprenant !

— Tout ce que j'ai payé au mariage, c'était pas assez pour toi ? »

Jusque-là je me contenais en le regardant se débattre, j'étais en position de force. Là, il m'a sérieusement énervée.

« Ah, c'est ça ? »

Je suis partie vers la cuisine, en direction du tiroir à couteaux, et il a commencé à flipper.

« Qu'est-ce que tu fais ?

— T'occupe, éloigne-toi de moi, ça vaut mieux. Ne t'approche surtout pas ! »

J'avais pris le grand couteau du genre à égorger un mouton. Je suis allée dans la chambre, j'ai sorti cette saleté de valise bourrée des affaires du mariage, cette putain de robe de mariée, j'ai tout lacéré devant lui. En petits morceaux. Il voyait son argent et son mariage s'envoler à travers la pièce. J'ai assassiné ma robe de mariée en premier, symbole oblige. Depuis le temps que j'en avais envie.

« Mais elle est complètement cinglée, elle est complètement cinglée.

— C'est ton argent que tu veux, tiens, tiens ! »

Toutes les robes, les djellabas, les pantalons, tout ce qu'il a pu m'acheter s'est retrouvé en lambeaux. Et la parure de draps, offerte par sa mère, je savais que j'allais l'achever en touchant à elle. Il hurlait, mais ne pouvait pas s'approcher de moi à cause de ce couteau monstrueux. Je singeais sa mère :

« Et moi j'ai ramené une parure de draps, mon fils, j'ai ramené une parure de draps brodés pour mon petit-fils ! Elle est moche cette parure de drap, c'est ta mère…

— Leila, fais pas ça, Leila, fais pas ça, c'est à Ryad, c'est le cadeau de sa grand-mère.

— Allez vous faire foutre, tous, je ne veux rien de vous.

— Leila, donne-la-moi, je la renvoie à ma mère, qu'elle la récupère. »

Je l'ai taillée en morceaux :

« Tiens, tu peux la renvoyer à ta mère. »

Il ne m'avait jamais vue dans cet état. Moi non plus, d'ailleurs. Pourtant Dieu sait que j'étais agressive. Mais ce jour-là j'étais réellement violente, et je me sentais capable du pire. C'était à moi de jouer maintenant, à personne d'autre. Ce mariage m'avait réellement rendue folle, je crois.

« Laisse-moi sortir, juste prendre l'air…

— Non, je t'enferme comme moi j'ai été enfermée. Tu restes là. »

J'attendais qu'il éclate, je le poussais à bout pour qu'il me tape dessus. C'était le seul moyen d'obtenir un prétexte pour divorcer. Mais il tournait en rond, il suppliait que je lui donne les clés. Ce cirque a duré une journée entière. Rien à faire, il ne m'a pas touchée, le lâche. Alors j'ai provisoirement abandonné le combat, épuisée.

« Maintenant, si tu veux te casser, casse-toi. Voilà les clés, ouvre, mais remets-les sur la table avant de partir ! Je ne veux plus jamais te voir ! »

Il est parti mais, comme je m'en doutais, il a gardé les clés, donc il allait revenir.

Lorsque j'ai raconté la scène à mes parents, ma mère était contente :

« Reviens à la maison si tu veux… »

Sûrement pas.

Mon père a dit :

« C'est mal ce que tu as fait. Pense que tu as un enfant avec cet homme, si tu vas trop loin, il va te répudier. »

Une fille répudiée avec un enfant, c'est très difficile à remarier. Le père n'a plus le contrôle sur elle, et elle ne peut vivre seule sans honte. C'est un cercle vicieux. Je payais le loyer, mais je n'avais même pas le droit de le mettre à la porte, le bail était au nom de Monsieur et Madame…

Les deux adversaires s'observaient. Je partais travailler, Ryad était de nouveau en garde chez ma mère, je ne voulais pas qu'il reste seul avec son père ; d'ailleurs, je ne lâchais plus mon fils d'un œil. Moussa ne travaillait pas, son plan de formation était fini, il restait à la maison, à dormir, à lire le Coran, et allait traîner au café. Il ne rangeait rien, même pas la vaisselle. Toute la semaine, je rentrais de mon travail le plus tard possible, j'allais discuter chez mes voisins, je traînais au maximum avant de me retrouver en face de lui, pour qu'il se décide enfin : « C'est une mauvaise épouse, on divorce. » Il tenait bon. Il dormait désormais dans le salon, moi dans ma chambre. Je ne supportais plus qu'il me touche. J'allais me coucher la première, je m'endormais, dès qu'il essayait de faire un pas : « Je dors. »

Et finalement il s'est décidé à me taper dessus.

Il a commencé par se montrer brutal et vindicatif. Chaque fois qu'il appelait sa mère au Maroc, il était remonté. Il m'insultait, je répondais, et il cognait.

Je voulais porter plainte, mes parents étaient d'accord sur le principe mais retardaient l'échéance : « Non, attends, laisse-lui une dernière chance, pense à ton fils. »

Je rendais les coups, mais je faisais quarante-six kilos, lui plus de quatre-vingts. Il était grand, il m'attrapait facilement et m'éclatait la tête contre le mur.

Et il y a eu la dernière fois. Celle qui m'a décidée à porter plainte et à m'y tenir.

Un soir, à minuit, je prenais tranquillement un bain pour me détendre et j'avais oublié de fermer la porte à clé. Il a commencé à me chercher des noises, moi dans l'eau du bain, lui derrière cette porte, mauvais : « Ta mère ceci, ta mère cela... ta mère... »

Ensuite, il n'y avait que des putes dans ma famille, donc ma mère et moi.

«Toutes des putes! Pas une pour rattraper l'autre, tu fumes la cigarette!»

Et je répondais à chaque insulte, pensant vraiment que la porte me protégeait.

«Espèce de pute!

— Oui, d'accord, je suis une pute. Tant que je ne suis pas *ta* pute, tout va bien.»

Finalement, j'en ai eu assez de cette histoire de pute. Surtout à propos de ma mère. Les hommes n'ont que ça à la bouche. On se coupe les cheveux, on est une pute, on fume, on est une pute, à croire qu'ils n'ont jamais connu de véritables putes de leur vie. J'ai bien réfléchi, et préparé ma phrase avant de l'articuler tranquillement :

«Ta mère n'est pas restée plus de quinze jours avec son premier mari qui l'a répudiée, d'accord? Après, on l'a collée de force à ton père pour éviter la honte à la famille. Ma mère s'est mariée une fois pour tout le reste de sa vie.»

Il ignorait ce secret de famille, que la sœur aînée de sa mère m'avait confié. Pour sauver l'honneur, on avait réquisitionné un cousin dans la maison, contraint de dire oui puisqu'il y était logé et nourri. Mais les enfants ignoraient ce détail, et il ne fallait surtout pas que «l'infamie» arrive aux oreilles des belles-filles.

Il a sauté sur le téléphone pour appeler sa mère. Je venais de trouver un argument puissant, j'en ai vérifié la portée. Le haut-parleur était branché comme toujours dans la maison de sa mère. Et les belles-filles ont tout entendu. Comment moi, une étrangère venue du fin fond de la France, j'avais pu avoir accès à cette «révélation»! La belle-mère a fait une crise de nerfs, c'était l'insulte suprême, je pouvais être certaine qu'elle ferait tout pour que je sois répudiée à mon tour. Et je n'y avais pas pensé assez tôt…

Moussa était furieux, les yeux hors de la tête.

« Espèce de salope, espèce de pute, ouvre cette porte ! »

Il était du côté de la cuisine, et la porte était bien fermée de ce côté. Mais l'autre était ouverte. J'ai eu le temps de répondre :

« Oui, je sais, toutes des putes jusqu'à mon arrière-grand-mère, mais ta mère c'est la reine. »

Il a fait le tour, déboulé dans la salle de bains. Il m'a plongé la tête sous l'eau, je me suis débattue, j'ai réussi à sortir la tête de l'eau, je l'ai griffé au visage à ce moment-là, si fort qu'il en a gardé longtemps les marques. Il m'a attrapée à bras-le-corps et jetée par terre. Et il a commencé à cogner avec ses poings, ses talons, partout sur le visage et le corps, il m'a massacrée en quelques secondes.

« C'est ça que tu veux ? Tiens, prends dans la gueule, prends dans la gueule… »

Ces coups de poing et ces coups de pied qui pleuvaient sur mon corps nu… c'était la pire des choses. Le sentiment que j'ai eu à ce moment-là est indéfinissable. C'était l'impudeur totale, l'humiliation, l'horreur de la femme lapidée.

Je me suis recroquevillée sous le lavabo quand il m'a enfin lâchée, je ne voyais plus clair. Il était content de lui. Il est sorti de la salle de bains.

Au bout d'un moment j'ai baigné mon visage et je suis allée dans la cuisine. Je voulais prendre un couteau et le planter n'importe où, mais dans son corps ! J'étais en pleine crise. Mes yeux sont tombés sur une chose qui m'a arrêtée net comme on coupe le courant avec un interrupteur : la photo de mon fils. Je me suis dit : « Si tu fais ça, Leila, tu es foutue, tu auras tout perdu, tu auras perdu ton fils, et il aura tout gagné, lui. »

Mais il avait suivi mon mouvement, il voyait le couteau dans ma main, je l'avais empoigné sans même m'en rendre compte, alors il a eu peur.

« Qu'est-ce que tu fais ? Qu'est-ce que tu fais ? »

Et il est allé s'enfermer dans les toilettes. J'ai enfilé une djellaba, je suis sortie dans la nuit, pour sonner chez l'un de mes frères, le plus proche. Il m'a trouvée en larmes, effondrée sur son paillasson. Il était prêt à monter lui taper dessus quand il a vu les dégâts. Mais la vengeance fraternelle ne faisait pas partie de mon plan.

« Laisse tomber, si tu t'en mêles, ça va très mal finir. »

Cette fois, mon père m'a dit de porter plainte au commissariat. Il me fallait un certificat médical. J'étais violacée sur presque tout le corps tellement il avait frappé longtemps, jusqu'à m'assommer quasiment. On m'a donné un certificat à l'hôpital, et au commissariat le policier de garde :

« Bon, allez… c'est une dispute ! Prenez la nuit pour réfléchir avant de porter plainte. Il y en a tellement qui portent plainte et reviennent le lendemain nous casser les pieds pour la retirer ! Réfléchissez. »

Je l'ai regardé droit dans les yeux :

« Je veux porter plainte maintenant, je ne sortirai pas d'ici avant. »

Je savais les emmerdes qui allaient suivre. Tout le monde allait me tomber dessus : ses parents, sa famille, ils allaient me prendre la tête pour avoir osé accuser mon mari.

J'ai signé la plainte et mon frère m'a ramenée. Il voulait me garder chez lui, mais je voulais rentrer, je ne voulais pas que mon adversaire imagine avoir gagné la partie. Heureusement, mon fils n'a jamais assisté à ce genre de scène. Je suis donc rentrée au risque qu'il recommence, mais je savais très bien ce que je faisais. J'avais prévenu les flics que je retournais chez moi.

Il m'a regardée entrer et traverser la pièce, en souriant :

« Leila, viens là, ma petite chérie, viens que je te console. C'est rien, une dispute. C'est bon, ça va passer. »

Il aurait bien voulu m'entraîner au lit. J'ai répondu :

« Tu comptes dormir où ?

— Dans notre lit. »

Je suis allée reprendre le couteau dans la cuisine, bien en main, menaçant.

« Tu approches de ma chambre, je te plante ! »

Il m'a regardée, incrédule.

« Je te le répète ! Tu approches de cette chambre ou de ce lit, je te plante. »

Je suis allée me coucher dans mon lit, j'ai posé le couteau sur la table de nuit. Il n'avait pas dit un mot. Il est resté dans le salon, mais je n'ai pas dormi de la nuit, la tête en feu, à réfléchir.

« Leila, ce type est le père de ton fils même s'il ne s'en occupe pas, mais si tu ne vas pas au bout de cette plainte, tu es fichue. Tu as vingt-quatre ans, si tu n'es pas capable de te séparer de cet homme maintenant, tu n'auras plus le droit de te plaindre. Tu as deux solutions. Soit maintenant alors que tu as encore la vie devant toi, soit tu te condamnes, et à quarante ans tu vas te réveiller en ayant foutu ta vie en l'air. Et probablement celle de Ryad. Est-ce que tu prends cette solution ? Ta vie derrière toi ? Ou tu te réveilles maintenant, la vie devant toi ? »

Le lendemain, mon père est monté au créneau, j'étais convoquée à la maison.

« Leila, on a réfléchi. Il faut que tu écrives une lettre au procureur pour annuler ta plainte.

— Papa, t'as vu la tête que j'ai ? Est-ce que tu veux voir le reste ?

— Je te dis d'annuler ta plainte. Tu as un enfant avec cet homme ! »

La mouche tournait encore dans sa cage de verre. Je l'ai faite, cette lettre. Mais j'ai ajouté à la fin : « Sachez, Monsieur le Procureur, que je ne fais pas ça pour moi, mais pour mon fils, pour qu'il puisse avoir une chance de grandir auprès de son père. »

C'est peut-être à cause de cette phrase que le procureur a rejeté ma demande.

J'ai été convoquée au commissariat, je ne pouvais plus arrêter le processus. La convocation allait arriver au domicile conjugal dix jours plus tard.

Après cette phase de courage et d'agressivité, je suis retombée dans une déprime totale, au fond du trou. Je faisais peur à tout le monde tant j'étais squelettique. Pendant ces dix jours, Moussa ne m'a pas touchée. Il savait qu'il n'avait pas intérêt à recommencer, mon frère l'avait prévenu.

« Écoute, les embrouilles entre toi et ma sœur, c'est votre problème, mais dis un seul mot sur mon père, ma mère ou un de nous… et je t'égorge, je bois ton sang, je vais au commissariat avec ta tête, et ton corps sera expédié à ta mère ! »

Il avait eu tellement peur qu'il était allé se plaindre au commissariat pour menaces de mort. J'avais honte de tout cela… De ces batailles, des coups, des insultes, honte de ne pas pouvoir simplement demander le divorce avec un avocat, proprement.

Les dix jours passés, arrive la convocation, sur laquelle Moussa peut lire le motif : « Plainte à votre encontre pour violences conjugales aggravées ».

Nous sommes convoqués tous les deux. Il s'y rend de son côté, moi du mien. Devant le délégué du procureur Moussa, visage fermé, assis à droite, moi, tendue et raide, à gauche.

« Monsieur, vous avez battu votre femme ?

— Non, non, absolument pas. Mais vous savez, monsieur le Procureur, moi je suis musulman, sachez qu'un musulman peut taper sa femme, c'est l'islam. »

Le magistrat l'a regardé vraiment de travers.

« Ne mélangez pas tout. Vous êtes musulman, c'est un fait. Mais ici nous sommes en République, et on ne bat pas une femme sous prétexte de la religion.

— C'est pas vrai, je l'ai pas tapée, elle ment, c'est une menteuse. Ses frères me menacent en permanence.

— Et vous, madame ? Qu'avez-vous à dire ? »

J'ai confirmé les coups, il avait le certificat sous les yeux et j'en portais encore les marques, mais Moussa me coupait la parole toutes les deux secondes. Il voulait m'empêcher de m'expliquer, il ramenait encore une fois sur le tapis cette histoire de religion qui permettrait à l'homme de corriger une mauvaise épouse, si elle le méritait... Cette fois, le magistrat s'est fâché en frappant sur la table :

« Monsieur ! Pour la deuxième fois ! La religion n'a rien à faire ici ! Laissez parler madame ! Sinon, c'est la porte ! Vous avez intérêt à vous montrer intelligent, il vaut mieux que vous soyez présent pour entendre ce qu'elle a à dire, au lieu de la laisser parler en votre absence !

— Elle dort avec un couteau ! »

C'était vrai, mais le magistrat ne l'a pas cru, il venait de m'interrompre pour la troisième fois.

« Dehors, monsieur ! Dépêchez-vous ! »

Il est allé s'asseoir hypocritement près de la porte pour pouvoir entendre.

« Non, non, pas ici ! Dans la salle du fond ! Gendarme, surveillez cet homme ! »

Il faisait moins le malin, j'imagine qu'il était humilié dans sa conception personnelle des droits du mari. Sa carte de séjour en France bien trop fraîche ne lui avait apparemment pas laissé le temps de comprendre en quoi consistait un État républicain.

Pour lui, l'homme avait toujours raison, il n'existait pas d'égalité entre homme et femme devant la loi.

J'ai donc raconté exactement les faits, et le magistrat m'a regardée un long moment.

« Qu'est-ce qu'on fait ? Moi, je serais tenté de l'envoyer en correctionnelle.

— Il ne faut peut-être pas aller jusque-là. Je voudrais seulement qu'il sache qu'il y a des lois en France, et qu'il doit les respecter. »

Le magistrat a rappelé Moussa. Puis il m'a regardée avec insistance, mais moi seulement.

« Alors, c'est bon ? Nous sommes d'accord ? On fait comme ça ? »

Moussa n'a pas supporté cette phrase. Il l'a prise en pleine tête. Ainsi j'avais pu parler, on m'avait écoutée, et c'était moi en quelque sorte qui décidais de sa condamnation.

« Vous êtes condamné à un an d'observation pour violences conjugales aggravées. Regardez-moi bien, monsieur ! Je vous préviens : s'il arrive quoi que ce soit à madame, si vous avez le malheur de lui effleurer un cheveu, je ne vous louperai pas ! »

Il était venu en voiture, moi à pied. J'avais eu la bêtise de la lui rendre. Je n'ai pas pu me priver du plaisir de l'interpeller.

« Hé, Moussa, c'est bon, tu peux bien me ramener ! On va au même endroit.

— Va te faire foutre.

— D'accord ! Tu t'es marié avec moi pour les papiers ? Tu les as ? Alors dégage et laisse-moi tranquille. »

Je croyais qu'il allait retourner dans les jupes de sa mère, ou se décider à vivre ailleurs. Quatre mois ont passé dans une ambiance tendue – il avait un job mais travaillait à mi-temps, à des heures qui ne correspondaient pas aux miennes, j'ignorais ce qu'il faisait exactement, mais j'avais relativement la paix.

Nous ne faisions que nous croiser la plupart du temps.

J'avais fait une demande de contribution aux charges du mariage, au tribunal, et il ne le savait pas. Arrive une nouvelle lettre recommandée du tribunal de grande instance, lui demandant de déclarer ses revenus pour établir la contribution au ménage. Il s'est mis à pleurer ! Payer pour vivre en France ? Payer pour son fils ? Il n'avait pas envisagé les choses sous cet angle.

Un soir, j'ai failli y passer. Je ne sais plus comment ça a commencé, mais comme je le poussais toujours à bout à la moindre des choses, acharnée à le voir partir enfin, il m'a plaquée contre le mur, le poing levé. Je l'ai regardé droit dans les yeux, sûre de moi :

« Moussa, un an de sursis ! Tu te rappelles ? J'attends que ça, vas-y. »

Il m'a lâchée, mais le fait qu'il n'ait pas pu me taper dessus comme il aurait voulu l'a rendu enragé. Il a commencé à se frapper lui-même en hurlant : « J'en ai marre de cette fille, j'en ai marre de cette fille ! Je veux réussir ma vie, je ne veux pas que mon fils grandisse tout seul, et ma mère qui n'est pas là ! »

Il s'est tellement tapé dessus que son visage, ses yeux enflaient, c'était insupportable à voir. Une telle crise de folie que j'ai paniqué : « Calme-toi, calme-toi ! » Il n'entendait rien, il se cognait la tête contre les murs, se roulait par terre et recommençait, je ne pouvais pas le maîtriser. J'ai dû appeler les voisins à l'aide, puis les pompiers. Une de mes voisines travaillait dans un hôpital, elle n'avait jamais vu une crise pareille.

Je l'avais déjà vu jouer la comédie, comme sa mère, mais à ce niveau-là c'était impossible. Il était en plein délire. Le visage tuméfié et en sang, il se précipitait contre le mur, se lacérait la poitrine, déchirait ses vêtements. S'il s'en était pris à moi de cette façon, il m'aurait tuée, et j'ai vraiment eu peur de lui cette fois. Cet homme était malade de sa mère, malade de son enfance, sans elle il aurait pu réussir sa vie, mais je ne pouvais pas l'aider à se sortir de cette monstrueuse emprise, c'était trop tard.

Les pompiers ont refusé de venir quand ils ont su que c'était une crise de folie. Il a fallu appeler la police et un médecin. Deux piqûres de Valium pour le calmer, avant de l'embarquer à l'hôpital. Et comme d'habitude j'ai fait une crise de tétanie. Je me sentais coupable, j'étais allée trop loin. Le médecin avait beau dire qu'il serait capable de me tuer dans une crise de ce genre, qu'il n'était pas « normal » de réagir ainsi à une scène de ménage, c'était ma faute. Encore et toujours ma faute. J'aurais dû subir les insultes et me taire. Mais comment faire pour se taire éternellement ? Adolescence à coups de pied, mariage forcé, belle-mère hystérique, mari hystérique, je le devenais moi-même.

Après la piqûre, toute seule chez moi, ça tournait toujours dans ma tête.

« Au fond, tu n'es coupable de rien, tu te défends avec tes armes. Sinon, c'est quoi ? Le couteau, et je le tue ? Je ne suis pas une criminelle. Ou alors je me barre avec mon môme, mais où aller ? Je vais chez mon père, il me dit : "Enlève ta plainte, ne divorce pas !" Alors où ? Je vais me retrouver quelque part dans un foyer pour femmes battues ? Avec un lit, mon gosse et une valise. Et mon boulot ? Et l'appartement ? Ton mari va rester là tranquillement ? Et toi tu vas te retrouver dans une piaule avec ton bébé dans les bras et le RMI pour exister ? C'est ça ou le retour chez les parents. Après tout ce que j'ai fait pour me sortir du piège, en arriver là ? S'entendre dire à tout bout de champ : "Il va te répudier ! Il t'a répudiée, on te l'avait bien dit ! Où tu vas ? Avec qui ? À quelle heure tu rentres ? T'as fumé ?" »

J'avais l'impression d'étouffer, il fallait que je sorte de cet appartement, que j'aille parler à quelqu'un. En pleine nuit et dans mon cas je ne songeais qu'à Maryvonne. Quand elle me voyait, elle se voyait dans un miroir. Même histoire, à la différence près qu'elle n'avait pas hésité à se servir d'un couteau et à taillader son mari le jour où il avait voulu passer leur bébé par la fenêtre. Elle avait fui, et il n'avait jamais revu ni sa femme ni son enfant. Seul souvenir : une balafre à vie.

Maryvonne m'a laissée pleurer, elle attendait.

« T'as fait une crise ?

— Non, j'ai pas dormi.

— À d'autres ! Tu as des gnons partout !

— C'est rien. C'est mon mari, il me rend dingue. Je fais des crises d'angoisse. T'as quelque chose pour dormir ? Pas moyen de fermer l'œil. »

Je tournais déjà en rond depuis une heure dans le quartier. Il me fallait obtenir de Maryvonne ce dont j'avais besoin. Mais je ne voulais pas l'inquiéter. Pourtant j'avais vraiment une sale tête. J'ai fini par lui raconter un peu la crise de Moussa, la trouille que j'avais eue.

« Tu devrais aller chez le médecin, Leila. Tu déprimes trop.

— J'y retourne demain. Il m'a donné des calmants, mais j'en ai plus. »

Elle m'a donné une demi-boîte de tranquillisants, en me recommandant de prendre un quart de cachet à la fois si j'avais une bouffée d'angoisse.

J'ai dit que j'allais mieux, je suis rentrée chez moi avec la petite boîte. Il y avait encore du sang par terre, des traces sur le mur, sur le canapé. J'ai appelé ma belle-sœur au Maroc pour lui dire ce qui s'était passé.

« Je crois que je l'ai rendu dingue. Je crois que c'est ma faute ! Pourquoi j'ai fait ça ?

— Attends, Leila, mère et fils, ils sont connus pour faire du cinéma. Des malades ! Ne te prends pas la tête. Il est à l'hôpital, il est pris en charge, il va se remettre. »

J'ai fait semblant d'être convaincue et j'ai raccroché. Mais cette phrase me revenait sans cesse : « Pourquoi j'ai fait ça ? Je l'ai rendu fou. »

J'ai avalé le contenu d'une boîte de tranquillisants que j'avais déjà dans ma pharmacie, et ce que m'avait donné Maryvonne.

Avant cela, j'avais fait mes ablutions du soir et mis le Coran sous mon oreiller. Je voulais dormir, ou mourir en paix, je ne savais plus très bien. En tout cas, ne plus penser. Le lendemain, ma mère a cru que je dormais tranquillement, elle ne m'a pas réveillée tout de suite. Elle était venue ranger la maison après cette nuit d'enfer.

Puis elle m'a secouée. J'ai ouvert les yeux tant bien que mal. Je tenais à peine debout, mais j'ai pris une douche, je me suis habillée, et je suis arrivée jusqu'à mon bureau en titubant. Je me suis assise, mais lorsque j'ai voulu me relever, je suis retombée comme une masse. Le comble, c'est que je ne devais pas travailler ce matin-là, et que je l'avais oublié.

Je me suis retrouvée à l'hôpital. Quelqu'un demandait au-dessus de moi :

« C'est une alcoolique ? Une droguée ? »

J'ai ouvert les yeux, hagarde, terrorisée à l'idée qu'on allait m'envoyer chez les fous.

Comment parler d'amour ?

Je voulais sortir de cette chambre le plus vite possible. On m'avait envoyé un psy, je n'avais pas ouvert la bouche. Je m'étais ratée une fois de plus et c'était désespérant. Je devenais tout simplement folle ? Est-ce que je voulais réellement mourir ? Malika, une amie du quartier, était accourue à mon chevet. Pour elle, comme pour mes parents, j'avais fait une crise de tétanie. Une de plus. Alors je me taisais et refusais obstinément de manger, avec l'espoir stupide de décourager le médecin, et qu'il me laisse partir. Moussa avait été transporté en psychiatrie, je ne voulais certes pas l'y rejoindre.

Mon petit frère est arrivé en courant, affolé.

« Leila ! Bouge de là ! Moussa est sorti de l'hôpital, il a téléphoné à la maison, il a dit qu'il venait chercher Ryad. »

Panique. Il allait me le prendre, l'emmener avec lui au Maroc chez sa mère ! Je me suis levée, je voulais m'habiller, mais on m'avait pris mes vêtements et j'étais sous perfusion. J'ai hurlé :

« Laissez-moi sortir ! »

L'infirmière est arrivée en courant, le médecin derrière elle.

« Je ne peux pas vous laisser sortir comme ça. Vous êtes trop mal. Vous n'avez pas parlé au psychologue, il doit revenir vous voir.

— Vous allez me laisser sortir ! S'il faut que je vous tape dessus, je vous taperai dessus, mais je sortirai. »

Malika essayait de me calmer :

« Ne t'inquiète pas, je vais chez toi, je vais voir ce qui s'y passe. »

Elle est partie en vitesse, mais rien ne pouvait me calmer : il s'agissait de Ryad, de ma vie.

Personne ne comprenait, puisque personne ici ne connaissait mon histoire. Mariée de force ? Moi jamais. Suicidaire ? Jamais. Mais mon fils, mon petit bout, le seul bonheur de cette vie de chienne, je ne pouvais pas le laisser entre les mains de ce fou furieux ! Il était à moi !

J'ai arraché la perfusion, repoussé le médecin, je hurlais :

« Laissez-moi tranquille ! Mon fils, il va me prendre mon fils, il va me prendre mon fils ! »

Je suis tombée à genoux et je tapais par terre avec mes poings.

« Il va me prendre mon fils, s'il me prend mon fils, j'ai plus rien pour survivre, j'ai plus rien qui me raccroche à la vie, je dois récupérer mon fils. »

Je les regardais en pleurant, je suppliais le médecin, les infirmières, je m'accrochais à leurs blouses.

« Je veux mon fils, je vous en prie !

— Vous n'êtes pas en état de signer une décharge.

— Faites-moi signer ce que vous voulez, mais il faut que je récupère mon fils ! Vous comprenez ? Il faut que je récupère mon fils, avant qu'il me le prenne ! »

Enfin, il a accepté que je signe une décharge, mais au bout d'une bonne demi-heure, et sans prendre le temps de récupérer mes vêtements je suis partie en pyjama, en chaussons, courant comme une malade. Je courais encore sur la route, à bout de souffle, les jambes en coton, lorsqu'une voiture est arrivée à ma hauteur, et j'ai entendu crier.

« Leila, arrête-toi.

— Non, non! Mon fils, il faut que je récupère mon fils! »

Malika est descendue, elle m'a couru après.

« Arrête! Ryad est dans ma voiture. Ta mère est avec moi. »

Mais je continuais à trembler de peur, je n'entendais rien de ce qu'elle me disait.

« Malika, il va prendre mon fils! »

Pendant que je me débattais à l'hôpital, Malika avait récupéré ma mère et Ryad. Elle a dû me gifler pour que je reprenne mes esprits et réalise enfin que Ryad était là, dans les bras de ma mère. Je l'ai serré contre moi à l'étouffer.

J'aurais dû retourner à l'hôpital. Je me rends compte à présent à quel point j'étais malade. Mais je n'arrivais pas, à l'époque, à mettre un nom sur cette maladie. Je refusais de baisser la garde. Admettre la dépression, c'était me renier. Elle faisait partie de moi, je vivais avec depuis des années comme un double de moi-même. La peur est une véritable maladie. On m'avait fait peur pour tout : ma condition de fille, ma virginité, mes révoltes, le mariage, et maintenant pour mon fils. Donc, finalement, j'avais peur de vivre tout court. Je ne pouvais pas l'admettre aussi facilement que maintenant puisque j'étais toujours dans cette peur, environnée par elle, étouffée parfois au point de chercher à mourir ou d'appeler au secours. Crise de nerfs ou crise de fou rire, c'était pareil. La mouche s'agitait comme elle le pouvait, maladroitement.

J'ai refusé d'abandonner mon chez-moi et de retourner vivre chez mes parents. Le peu d'espace de liberté que j'avais réussi à conquérir m'était trop précieux. Dans ma famille, il n'existerait plus. Je ne voulais pas non plus d'aide médicale ou psychologique, persuadée que je devais tenir debout. Or j'étais anorexique, faible, et désespérément seule dans cette existence de dingue, balançant entre la peur de vivre et celle de mourir.

Je suis donc rentrée chez moi, avec mon fils et mes quarante kilos. Désormais, je ne quitterais plus Ryad des yeux. Il irait avec moi partout. De la chambre à la cuisine, et même aux toilettes, je ne le lâcherais plus. Ryad avait alors un peu plus d'un an, je l'ai accroché à moi comme un collier, il aurait fallu me tuer pour me l'arracher.

Son père avait réussi à quitter l'hôpital au bout de quarante-huit heures, en expliquant que sa crise n'était que le résultat des « problèmes avec sa femme » qui voulait divorcer. Il s'était donné le beau rôle. Durant presque une année, j'ai traîné d'arrêt maladie en arrêt maladie, sous le regard de cet homme devenu fou furieux de n'avoir pas réussi à me dominer.

On ne se parlait plus, nous étions deux inconnus vivant sous le même toit. Je continuais à jouer mon rôle de femme au foyer. Laver son linge, préparer les repas, le minimum. Je ne sortais pas avec lui, même pour faire une course. Je ne le laissais jamais seul avec Ryad tellement j'avais la trouille qu'il l'emmène chez sa mère. Il gagnait sa vie, mais l'essentiel de son salaire partait chez sa mère. Et à l'automne de cette année-là, il est retourné au Maroc, sachant parfaitement qu'il était convoqué devant un juge pour établir sa contribution aux frais du ménage. Il croyait que j'allais retirer ma demande de crainte d'être répudiée.

À l'audience, j'étais donc seule, il avait envoyé un certificat médical à son avocat, qu'il ne payait même pas puisqu'il avait demandé l'assistance judiciaire. Monsieur le père de mon fils était dit dépressif, incapable de se présenter. Affaire renvoyée au mois suivant.

J'ai fondu en larmes devant le juge. J'en avais marre de ce cinéma permanent. Ne rien payer, tout prendre. C'était le but. Prendre une femme pour devenir français, et exploiter la situation au maximum. Pour la deuxième audience, même motif. Le juge voulait prononcer un deuxième renvoi, mais cette fois le propre avocat de Moussa a déclaré qu'il ne pouvait pas défendre cet homme au-delà d'une certaine conception de l'éthique.

« Je le connais, il ne se présentera jamais. Il trouvera toujours le moyen là-bas de se faire excuser pour maladie. Ça n'en finira pas, et c'est sa femme qui en pâtit. »

Le juge en est convenu, Moussa a été condamné à payer une pension pour sa femme et son fils. Deux cents euros mensuels. Ce n'était pas énorme, mais le « père de famille » a pris cette décision comme une insulte à son porte-monnaie. Il a fait téléphoner par un membre de sa famille chargé de me faire changer d'avis. Il a écrit au juge en contestant la décision prise en son absence. Et il est revenu en France en vitesse, mais pas à la maison. Il est allé se planquer quelque part en province, se prétendant sans argent, vivant dans un foyer de « réinsertion » et ne donnant plus de nouvelles autrement qu'officiellement.

J'ai été convoquée au consulat marocain, pour motif de répudiation. J'y suis allée, sachant très bien que la procédure ne pouvait se dérouler en France, mais devant les Adouls. Nouvelle convocation effectivement devant le juge des affaires familiales au Maroc, où il m'accusait d'adultère, sans preuve évidemment, et toujours sans se présenter. Report de l'audience. De mon côté, je voulais absolument obtenir un divorce en France.

Comme la répudiation n'était pas encore enregistrée, mes parents s'accrochaient à ce mariage bidon, et à l'honneur de la famille.

« Il reviendra, il faut que tu l'appelles et que tu lui demandes pardon. »

Pardon ? Moi ? Pardon de l'avoir épousé de force ? Jamais.

Ils avaient voulu ce mariage, mon père m'avait cogné dessus pour ça, et malgré l'échec, les souffrances vécues, ils considéraient encore que la répudiation était la pire des choses qui puissent m'arriver ? Et ils en profitaient pour reprendre le contrôle non seulement sur ma vie, et sur mes choix, mais sur mon comportement social.

Un soir, je suis allée au restaurant avec des collègues de travail. J'étais de retour chez moi à vingt et une heures trente. Mon frère m'a téléphoné :

« Tu vas te faire engueuler, papa sait que tu es sortie ! Il veut te voir ! »

Je me suis dit que c'était le moment ou jamais de couper le cordon. Mon père m'attendait dans la chambre des tortures, les mains derrière le dos.

« T'étais où ? »

Ma mère s'est mise à m'insulter :

« Il n'y a que les putes qui sortent à cette heure-là ! »

Mon père l'a fait taire. C'était à lui de régler le « problème ».

« Approche ! T'étais où ?

— J'étais au restaurant avec des collègues.

— Tu crois que c'est une heure pour sortir ?

— Papa, il est neuf heures et demie du soir, c'est pas dramatique ! Je peux quand même aller au restaurant sans que…

— Non ! Tu n'as pas à sortir pour rentrer à neuf heures et demie. Approche ! Souffle-moi au visage. »

238

Et ça recommençait! À vingt-quatre ans ou pas, mariée ou pas, une femme qui sort et fume est une pute.

« T'as fumé! »

Il m'a craché au visage et insultée en arabe.

« Dégage! T'es qu'une pute! Finalement, Moussa a raison sur tout, tu n'es qu'une mauvaise femme! »

Ma mère en a rajouté.

« Ça ne m'étonne pas qu'il soit parti! Comment veux-tu qu'un homme reste avec toi! Même si tu te maries quinze fois, tu divorceras quinze fois. Tu fumes la cigarette, tu n'es qu'une traînée! »

Et mon père m'a achevée en crachant sur moi une nouvelle fois.

« Tu me dégoûtes! »

J'étais paralysée. Je m'étais préparée à leur dire quoi? Je ne savais même plus. Ou plutôt si, leur dire : « Et puis merde, foutez-moi la paix, je ne vous ai pas assez donné? Laissez-moi vivre! J'ai rien fait, je suis allée au restaurant, je n'ai pas montré mon cul au monde entier! »

Mais blocage : je n'y arrivais pas. J'étais là, debout, crispée, les poings serrés devant la pire des injustices. « C'est ta faute, c'est toi la coupable. » Je pouvais tout entendre, tout encaisser, sauf : « Moussa a raison. C'est toi la mauvaise femme. »

Et mon père a conclu :

« À partir de maintenant, soit tu reprends le bon chemin, soit tu te démerdes seule avec ton fils, tu n'as plus de famille! Je ne veux plus te voir. »

Je me revoyais dans cette chambre en face de lui, alors qu'il me disait : « Tu l'épouses! C'est lui et personne d'autre, sinon plus de famille! »

Il m'arrachait le cœur. Je ne serai jamais libre à cause de ça, et je ne suis pas la seule. Ils savent qu'ils ont une emprise sur nous. La famille est notre sécurité dans un monde que nous n'avons pas appris à dominer seules. Parce qu'ils nous refusent ce monde dès l'enfance. Et que nous y débarquons démunies, sans structure personnelle, conditionnées par les traditions, les interdits, la peur. Et aussi que nous aimons nos parents. Une fille maghrébine est quasiment incapable de couper le cordon. Elle le voudrait, elle cherche toujours les ciseaux pour le faire, et au dernier moment la peur d'être abandonnée, reniée, seule au monde, l'empêche de les trouver. Ce cordon ombilical nous étouffe, nous étrangle, jusqu'à la mort, même lorsqu'on est née en France. J'étais partie deux fois, et j'étais revenue. Peur de la liberté, peur de s'envoler, puisqu'on m'avait coupé les ailes. Je ne savais plus à qui m'identifier. Leila, fille d'un père, Leila, épouse d'un inconnu. Leila, mère d'un petit garçon. C'était ma seule certitude, mais, même sur ce plan, mes parents gardaient le contrôle en se servant de lui comme chantage.

«Tant que tu ne reprendras pas le bon chemin…»

Le chemin de la soumission, et de tout ce qu'il y a autour, tout ce que j'avais pu vomir.

J'avais essayé de me foutre en l'air parce qu'ils m'avaient pris ma vie, ils s'en moquaient. C'est moi qui n'étais pas normale.

J'ai eu envie de mourir de nouveau. Je le voulais vraiment. Pour en finir définitivement. Marre, plus de forces, même mon fils ne me rattachait plus à cette existence de merde, où j'étais toujours coupable, toujours punie, toujours enfermée.

J'ai pris le Coran, comme si je demandais à Dieu de m'accompagner. J'ai avalé tous les antidépresseurs qu'on m'avait donnés à l'hôpital. J'ai entrepris de lire des versets au hasard, dans le silence de l'appartement. Et j'ai sombré une fois de plus.

«Leila, est-ce que vous m'entendez? Leila, est-ce que vous m'entendez!»

J'entendais. C'était vague, flou. On m'avait perfusée sur place. Je m'étais encore ratée. Quand ma mère a voulu me prendre dans ses bras, j'ai eu un sursaut de révolte et j'ai hurlé :

« Laissez-moi tranquille, foutez-moi la paix, je veux que vous disparaissiez de ma vie !

— Je suis ta mère, ta mère...

— Laisse-moi tranquille ! Non, t'es pas ma mère, laisse-moi tranquille. »

Je hurlais et pleurais à la fois.

« Leila, qu'est-ce qui se passe ? C'est papa.

— Toi, laisse-moi tranquille, laissez-moi tranquille... »

Je ne faisais que répéter cette phrase : « Laissez-moi tranquille. »

Je ne me rendais pas compte qu'il était malheureux, inquiet, qu'il ne voulait sincèrement que mon bonheur, et que mon attitude était incompréhensible pour lui.

Le résultat était logique. Mon père m'a encore condamnée pour cela : « Tu nous as humiliés devant tout le monde ! »

Cette nuit-là, j'avais envoyé un message d'adieu à Martine, l'éducatrice qui me suivait à la trace, et à qui je dois d'être en vie. Elle me protégeait, me parlait et, sans connaître toute mon histoire, voulait absolument que je me fasse soigner.

« Va voir un psychiatre, Leila...

— Mais non... »

Je croyais qu'elle n'aurait pas le message avant le matin et que je serais morte entre-temps. J'avais mal calculé.

Tous mes frères s'étaient installés chez moi, dans le salon. Martine était la seule Gauloise au milieu d'eux. Le dialogue était difficile, mais elle était la seule à pouvoir l'amorcer.

«Elle n'a pas le droit de faire ça, le divorce chez nous, ça ne se fait pas, elle doit attendre qu'il revienne. Elle a un enfant, elle n'a pas le droit d'avoir une autre vie.

— Pourquoi elle n'aurait pas le droit d'avoir une autre vie ? Vous trouvez qu'elle n'a pas assez payé ? Vous attendez qu'elle crève, votre sœur ? Vous devriez être ses complices au contraire et l'aider à s'en sortir. »

Elle a tenu bon en servant d'intermédiaire entre mes parents et la loque que j'étais devenue. Elle me parlait pendant des heures, inlassablement. Sans elle, je n'aurais probablement pas survécu.

On m'a transportée à l'hôpital pour un lavage d'estomac. Puis on a voulu me faire manger, j'ai envoyé balader le plateau. On m'a envoyé un psy, j'ai envoyé balader le psy. La couverture sur la tête, je ne voulais voir personne, n'entendre personne, et surtout pas de questions. Moi-même, je ne savais plus où étaient les questions. Le psychiatre est resté un moment près de mon lit, en silence, puis il est allé dire au médecin :

« Transfert en psychiatrie ! »

Le médecin est alors arrivé dans ma chambre. Il a fait sortir l'infirmière et a fermé la porte.

« Maintenant, Leila, vous vous levez ! Allez ! Debout ! »

Il m'a obligée à sortir du lit et s'est mis à me tutoyer, les yeux dans les yeux.

« Je suis musulman, je suis médecin, alors je t'explique pour que tu comprennes bien. Tu as envie de mourir ?

— Oui.

— Tu as un fils ? Tu l'aimes ?

— Oui.

— Tu veux le perdre ? Si oui, c'est la meilleure façon, recommence ! Maintenant fais bien attention : tu as deux solutions. Soit tu décides de t'en sortir et de bouger, soit c'est le transfert à l'hôpital psychiatrique demain matin. Et cette fois tu perds ton fils pour longtemps. Mais si tu me promets de vouloir t'en sortir, j'appelle ton père tout de suite. Entre musulmans, il faudra bien qu'il m'écoute ! C'est quoi qui le dérange ? Il ne veut pas que tu divorces ?

— C'est péché... c'est halam !

— Moi, je vais lui dire que le divorce c'est halal ! C'est autorisé par la religion quand un couple ne s'entend plus. Même au Maroc le roi a décidé d'autoriser le divorce ! Alors, qu'est-ce que tu décides ? J'en ai marre de te voir arriver ici à moitié morte avec tes appels au secours ! Un beau jour, tu y arriveras parce que tu ne te louperas pas. Je n'ai aucune envie d'aller te voir à la morgue. Alors ? Tu te décides ?

— Oui, c'est bon.

— C'est bon ? Tu me le promets ?

— Oui, je le promets. »

Il a appelé mon père sur-le-champ pour lui demander un entretien, fermement décidé à ne pas le laisser se défiler alors qu'il prétextait des obligations quelconques. Car ce médecin avait deviné le mariage forcé et la pression des parents. Et il m'avait vue trop souvent dans son service en mauvais état.

« Je serai clair avec vous, monsieur, je veux vous voir demain à huit heures du matin ; si vous n'êtes pas là, vous perdrez votre fille définitivement, c'est l'asile psychiatrique ! Le transfert est prévu à dix heures trente ! Merci, bonsoir. »

J'imagine que personne n'avait parlé à mon père sur ce ton. Si cela avait été un médecin français, ça n'aurait pas marché.

Le lendemain, mon père était à l'heure. Ils sont restés près d'une heure à discuter seul à seul. Enfin, un homme prenait ma défense. Avec non seulement l'autorité de sa profession, mais surtout celle de sa confession.

« Voilà : j'ai discuté avec votre père, je lui ai dit que ça n'allait plus avec votre mari. Que le divorce était parfaitement halal et qu'il devait l'accepter. Vous aussi vous devez l'accepter, une femme n'est pas coupable de vouloir divorcer. Maintenant, vous vous habillez, je ne veux plus vous voir ici sauf pour une foulure au pied ! »

Mon père m'attendait à la sortie. Il ne m'a pas adressé un mot, pas un regard. Ma mère était chez moi avec mon fils. Je suis allée directement dans ma chambre comme un zombie, j'ai fermé les volets et je me suis couchée. Elle s'est aventurée dans la chambre pour me réveiller et me faire manger.

« Dégage. »

Je n'avais même pas vu que c'était elle. Je disais « dégage » à la terre entière.

J'étais au fond du fond. Pendant près de vingt jours, je n'ai ni mangé ni bu, et commencé à me déshydrater. Le médecin ne m'avait pas donné de médicaments à part des vitamines, de peur que je ne recommence. Je me laissais dessécher, comme une chamelle abandonnée dans le désert. Incapable de sortir de ce lit, de bouger. Je me couchais pour mourir.

Ryad essayait d'entrer dans la chambre de temps en temps, mais je ne m'en rendais pas compte. Ma mère était là, toujours présente, elle pleurait, impuissante à me nourrir et ça m'était égal. Alors elle a appelé mon amie Maryvonne à la rescousse.

« Je ne sais plus quoi faire. C'est l'interdiction totale de rentrer dans sa chambre, elle est dans le noir, elle ne mange pas, ne boit pas, ma fille va mourir, je sens que ma fille va mourir. »

Maryvonne, la bonne « mamma », a déboulé dans la chambre, furieuse.

« Qu'est-ce que c'est ce délire ?

— Dégage, Maryvonne, dégage, je ne veux pas te voir.

— Tu crois que tu vas t'en tirer comme ça ? C'est tellement facile ! »

Et elle a ouvert les volets. Je me couvrais la tête en hurlant :

« Maryvonne, putain, t'as pas le droit de rentrer chez moi comme ça, dégage !

— Mais, ma parole, tu vas te lever ! Je te jure bien que tu vas te lever. Et aujourd'hui je t'emmène chez le médecin ! Vu la tronche que tu as, je n'ai pas envie d'avoir ta mort sur la conscience. »

Elle m'a sortie de mon lit, Maryvonne est une force de la nature de quatre-vingt-dix kilos, et je ne pesais guère plus qu'une plume qu'elle secouait sans ménagement.

« Regarde ta mère ! Regarde ta mère qui pleure ! Regarde ton fils ! Même moi, qui suis passée par là, je n'ai pas sombré comme toi, je me suis pas laissée mourir comme tu le fais ! Tu as un fils. Lui, il n'a rien demandé du tout. Remue tes fesses, on y va ! »

Le médecin de famille m'a carrément collé une claque en me voyant dans cet état. Lui aussi m'a menacée de m'envoyer en psychiatrie. Mes amies sont intervenues, car je risquais de perdre la garde de mon fils. Elles ont cherché une place pour moi en maison de repos, impossible. Alors je suis rentrée chez moi, toujours zombie. Ma mère s'occupait de Ryad derrière la porte de ma chambre, où je m'enterrais.

Je ne me levais que pour regarder de temps en temps par la fenêtre. Le vide. Il m'attirait, ce vide. Je me levais, je le regardais... et j'allais me recoucher. Je me disais qu'un jour viendrait où j'en aurais le courage. Demain peut-être. C'était comme un rituel quotidien. Si je sautais ?

Je prenais péniblement les vitamines que m'avait données le médecin, mais personne n'arrivait à me faire manger et je ne buvais toujours pas. Un peu d'eau sur les lèvres, c'était le maximum que je pouvais supporter. Avaler m'était devenu impossible. Lorsque la nuit arrivait, j'étais reprise d'angoisse, je pensais à la mort, c'était obsessionnel et infernal de vouloir mourir sans avoir le courage de sauter par la fenêtre. Un soir, je me suis ouvert les veines, mais ça n'était pas suffisant, alors j'ai essayé de m'étrangler avec une ceinture. Mais le téléphone portable était sur mon lit, il a sonné et j'ai répondu instinctivement.

Au fond, je ne voulais pas mourir. Je voulais seulement « leur » prouver que je pouvais mourir à cause d'eux. Eux, c'étaient mes parents, mon père surtout. Il aurait fallu, pour que je m'en sorte, qu'il reconnaisse son erreur et sa culpabilité.

Mais chaque fois que j'essayais de mourir, quelqu'un ou quelque chose m'en empêchait. Moi peut-être. L'autre moi qui dormait dans ce corps d'anorexique suicidaire.

Quelqu'un m'a dit un jour que j'étais si malheureuse, et hors de toute lucidité, parce que je cherchais à dire à mon père : « Je veux exister à tes yeux en mourant, je veux avoir raison en mourant. »

J'étais bien incapable de réfléchir à ça à cette époque. On m'avait mangé le cerveau. Pour moi c'était : « Je veux mourir. » Point.

Et puis, au bout de dix-huit jours d'angoisse, d'anorexie, cette mort intérieure que le cerveau décide, il est arrivé quelque chose. La porte de la chambre s'est entrouverte, une petite souris est entrée : Ryad, mon fils. Il a grimpé sur mon lit, puis grimpé sur moi, et il s'est installé à cheval sur la poitrine de sa maman, la tête dans mon cou.

Et j'ai entendu sa petite voix qui disait : « Tu sais,

maman, moi je t'aime. Je t'aime très fort, je t'aime pour la vie. »

Cette petite voix est arrivée par miracle, à un moment où les autres voix, celles d'amis qui m'aimaient et d'autres qui croyaient m'aimer, ne me parvenaient plus depuis longtemps.

J'ai compris que je n'avais pas le droit de faire « ça » à ce petit homme. C'était lui ma vie, et j'étais la sienne. Sans moi, il souffrirait. Sans moi, il serait la proie d'une éducation que je refusais.

C'était lui et moi, « pour la vie », comme il disait. J'ai fichu la mort par la fenêtre.

Il avait trouvé le bouton sur lequel appuyer pour me remettre debout. Tout est revenu si clair dans ma tête : ce moment où j'avais appris que j'étais enceinte, cette lumière de pur bonheur quand je lui parlais, si petit dans le creux de mon ventre.

« Je te jure que, quoi qu'il arrive, je serai toujours là, maintenant on est deux pour la vie ! »

Si je m'en allais et le laissais seul, je ne tenais pas ma promesse.

C'est lui qui m'a sauvée, je pense. Ryad, mon jardin, ma lumière.

Je l'ai pris dans mes bras, je l'ai serré très fort.

« Moi aussi je t'aime pour la vie, et pour toujours. N'aie pas peur, maman sera toujours là. »

Je me suis d'abord assise. Il fallait ensuite que je me mette debout. Si j'y parvenais, j'aurais gagné.

J'ai marché jusqu'au salon en contractant mes muscles pour tenir debout, et allumé la télévision. Ryad ne me quittait pas d'une semelle, il s'est assis à côté de moi, et ensemble nous avons regardé les images. Le soir, j'ai réussi à avaler un petit morceau de pain et à boire lentement un verre d'eau, pendant qu'il dînait devant moi. J'avais du mal à tenir, mais je résistais au désir de retourner me coucher. Pour lui.

Et petit à petit, la vie a repris ses couleurs, bizarre comme une aquarelle inachevée au début, jamais flamboyante, mais finalement acceptable.

Après des mois et des mois de paperasses, de procédure, de convocations au Maroc et en France, de haine encore par moments, j'ai obtenu la séparation, à la grande humiliation de mon père et de ma mère. Il ne la disait plus violemment, mais elle était toujours présente.

Plus tard, bien plus tard, j'ai aussi essayé d'obtenir le pardon, le respect, et surtout l'amour de mon père.

« Entre nous, papa, ce mari, tu sais que je ne le voulais pas !

— Ma fille, c'est le passé, on ne peut pas revenir sur le passé.

— Mais, papa, si tu m'avais entendue, je n'en serais pas arrivée là ! Lui, il a gagné la nationalité française, c'est tout ce qu'il voulait. Il vous l'a prouvé ! Il s'est servi de vous comme il s'est servi de moi. Qu'est-ce que tu as gagné dans tout ça ? Qui a gagné dans notre famille ? »

Et j'ai entendu enfin les paroles que j'attendais depuis si longtemps :

« C'était une erreur. »

Moi, j'ai gagné Ryad. Mais toujours pas la liberté de témoigner de ma vie au grand jour. Le mariage forcé est un secret de famille. Dans le désarroi immense qui m'entraînait vers la mort, je demeurais persuadée que Dieu ne voulait pas de cette « tradition » qui veut tuer l'amour entre les êtres. Les filles mariées de force n'osent pas l'avouer. Elles mentent devant les autres et s'inventent des romans. Moi, je prétendais avoir rencontré mon mari en vacances. D'autres font semblant d'aimer toute leur vie l'inconnu que le père a choisi, ou traînent la «honte» d'avoir été répudiées. Mentir, faire semblant, se taire, obéir et se soumettre, rendre compte toute sa vie devant les hommes, la famille, le quartier, de ses moindres faits et gestes, cet avenir m'était insupportable.

Je n'ai pas eu le courage, ou l'insouciance comme d'autres l'ont fait, de fuir loin de ces parents que j'aime et qui m'étouffaient sans le vouloir. Je voulais lutter personnellement de l'intérieur. Avoir le cran de les persuader, père, mère et frères. Prouver que la liberté de vivre et d'aimer est un droit. J'ai échoué. Parce que je m'obstinais à lutter seule.

J'avais réussi à ne pas mourir, grâce à Martine, et à mes amies qui ne m'ont jamais laissée sombrer. C'était alors ma seule victoire. J'en ai obtenu beaucoup d'autres depuis.

J'ai appris comment devenir indépendante, sans faire de mal aux autres, en m'efforçant simplement de les comprendre. J'aime mon père, je l'ai toujours aimé. Je ne voudrais pas que l'on puisse imaginer le contraire, et que mon histoire soit transformée en règlement de compte avec lui. Je sais très précisément à quel moment j'aurais dû avoir le courage de lui dire : «Papa, je t'aime, mais pas cet inconnu. Papa, je t'aime, mais c'est non.»

Dès le début! Au lieu d'entrer dans ce salon devant le futur époux avec du mauvais thé, et de le provoquer sournoisement. J'aurais dû pour y parvenir profiter de l'aide que m'apportaient Martine et mes amies. Engager le dialogue, m'y tenir fermement, au lieu de lutter comme une enragée, avec toute la violence dont j'étais capable, et qui m'a conduite au suicide. Il y a toujours quelqu'un autour de soi, dans le quartier, dans la ville, susceptible de prendre le relais. Si j'ai un conseil à donner aux filles, c'est de parler. Je les supplie de ne pas s'enfermer, comme je l'ai fait, dans un silence orgueilleux et stupide. Et je m'en veux aujourd'hui de cette lâcheté.

Autre victoire, mes parents ont peu à peu perdu leurs œillères. Ils ont évolué et compris que le piège de cette tradition du mariage forcé nous avait tous fait souffrir. Mon père joue avec Ryad comme il ne l'a jamais fait avec ses propres fils. Ils s'adorent tous les deux, et il l'emmène partout. Depuis sa naissance, Ryad fait son bonheur et je suis sereinement heureuse de le lui avoir donné en partage.

Mes rapports avec mes parents ont changé. Je les vois comme je n'ai pas su les voir. Ils s'aiment depuis toujours, mon père s'est toujours efforcé de nous faire une bonne vie dans la mesure de ses moyens. Il n'a jamais levé la main sur ma mère, je ne les ai jamais entendus se déchirer comme je l'ai fait avec Moussa. Ils étaient eux aussi tributaires d'une tradition d'une autre époque, et la croyaient bonne pour leur fille. Mon combat difficile et désordonné aura eu le mérite de le leur faire admettre, et je sais que ma petite sœur n'en souffrira pas, mon expérience l'en a définitivement protégée. Si je ne suis pas une héroïne, je pense pouvoir dire que, dans ma famille en tout cas, je suis une pionnière sur ce sujet. Je repense parfois avec émotion au matin de mon mariage, dans le hall de cet hôtel luxueux au Maroc, à l'approche de ma nuit de noces. Mon père m'a prise dans ses bras en pleurant. Il m'aime, il était sincère, il ne voulait pas me faire souffrir. Ce n'était pas contre lui qu'il fallait lutter, mais contre la tradition, et je m'y suis mal prise. La colère et la rage empêchent de réfléchir.

Autre victoire, et non la moindre, je vis maintenant seule avec mon fils, dans *mon* appartement mais suffisamment proche de ma famille pour en profiter.

La dernière victoire à remporter est l'éducation de Ryad. Un jour, je devrai lui parler de son père et lui faire comprendre que Moussa s'est retrouvé ligoté tout autant que moi par ce système ancestral qui continue d'avoir cours dans certaines familles, et qu'il ne doit surtout pas le haïr pour cela. Nous étions lui comme moi deux victimes.

Ryad, mon fils, j'ai préparé le terrain pour toi, tu ne seras ni macho ni esclave de ta mère. Un jour, tu aimeras librement la femme de ton choix, et je te promets solennellement de ne jamais me transformer en belle-mère jalouse et acariâtre.

J'ai entrepris un long chemin en psychothérapie qui m'était nécessaire et que j'avais trop longtemps refusé. Je commence à me connaître, donc à mieux connaître les autres ; j'espère de toutes mes forces être et rester une mère digne de l'amour de son fils.

J'ai encore peur de l'avenir, peur surtout de l'amour d'un compagnon de vie car il me manque et m'effraie tout autant. Je suis encore, parfois, une mouche inquiète, mais je vole de mes propres ailes, mon fils, et elles nous porteront tous les deux, j'en ai maintenant la véritable force. Mais je ne peux confier ce récit au lecteur que dans l'anonymat. Ce que j'ai raconté, aussi précisément et honnêtement que possible, me vaudrait l'opprobre de certains qui le considéreraient comme une provocation insupportable à leurs convictions d'un autre temps. Je me dois d'en préserver ceux que j'aime. Pour l'instant. Un jour, et je l'espère de mon vivant, mon histoire sera enfin de l'histoire ancienne.

Remerciements

Du fond du cœur, merci à Martine de m'avoir supportée, écoutée, cajolée… merci aussi pour mon fils et ma famille. Je suis ta « deuxième fille », tu es la « grande sœur » que je n'ai pas eue. Je serai toujours près de toi. Grâce à toi, mes rapports avec mes parents ont changé. Je les vois comme je n'ai pas su les voir.

Merci à Sophie pour son soutien, pour nos conversations. Grâce à toi, j'ai réussi à refermer une porte pour me permettre un avenir. Merci d'être mon amie.

Jean-Marie : « Bon sang de bonsoir ! », tu es un des seuls à pouvoir me faire rire, même quand je suis très mal.

Merci à Marcelle pour sa protection, sa présence, son amour. Merci d'avoir été là pour me soutenir dans les pires moments.

Marie-Louise, Sébastien, Anne, Marie-Delphine et Sophie, merci d'avoir cru en moi et de m'avoir donné la chance de m'en sortir.

Merci à Isabelle et Thomas pour leur amitié.

Merci à Dominique, grâce à toi j'ai pu vivre cette formidable aventure. Merci pour ton amitié et ton soutien.

Merci à Marie-Thérèse Cuny, ma « mamie », qui a su m'écouter et retranscrire ma vie par sa belle écriture.

Merci à toute l'équipe de OH! Éditions :
Philippe Robinet, pour sa présence tout au long de cette aventure et pour m'avoir permis de vivre une expérience unique. Merci, merci, merci pour ton honnêteté et ton amitié.
Juliette Legros, ma Juliette si douce, si gentille. Tu peux rester : je me suis décidée !
Jean-Marie Périer, tu m'as scotchée. Je suis très fière d'avoir eu l'honneur de te rencontrer. Qu'un grand homme comme toi s'intéresse à ma vie, avec gentillesse et douceur, m'a énormément touchée.
Bruno Barbette pour avoir compris mes angoisses et m'avoir donné du temps.
Edith Leblond, merci de m'avoir vue et de m'avoir si bien « captée ».
Béatrice Calderon de permettre à ce livre d'avoir l'écho le plus fort possible.
Bernard, Florent, Catherine, Caroline... merci à vous et à tous ceux de l'équipe que je ne connais pas encore, je sais tout le soutien que vous m'apportez.

7481

Composition Chesteroc Ltd
Achevé d'imprimer en France (La Flèche)
par Brodard et Taupin
le 20 juin 2005. 30453
Dépôt légal juin 2005. ISBN 2-290-34365-X
1ᵉʳ dépôt légal dans la collection : décembre 2004

Éditions J'ai lu
84, rue de Grenelle, 75007 Paris
Diffusion France et étranger : Flammarion